主　　编　蒋惠岭　国家法官学院副院长
　　　　　　　　　最高人民法院司法案例研究院负责人
副 主 编　关　毅　国家法官学院科研部主任
　　　　　刘　畅　最高人民法院司法案例研究院规划部主任
主编助理　边疆戈　国家法官学院科研部编辑
　　　　　朱建伟　国家法官学院科研部编辑
　　　　　赵文轩　最高人民法院司法案例研究院规划部编辑

《中国法院年度案例》编辑人员（按姓氏笔画）
边疆戈　朱建伟　刘　畅　关　毅　杨小利
罗胜华　赵文轩　胡　岩　袁登明　唐世银
曹海荣　梁　欣　蒋惠岭　程　瑛　谭　红

本书编审人员　曹海荣

中国法院

2020年度案例

国　家　法　官　学　院
最高人民法院司法案例研究院◎编

借款担保纠纷

中国法制出版社
CHINA LEGAL PUBLISHING HOUSE

《中国法院年度案例》通讯编辑名单

序

坚持和完善中国特色社会主义法治体系，是党的十九届四中全会作出的一项重要部署。作为其核心组成部分，高效的法治实施体系所要实现的就是让静态的法律制度在实践中得到良好实施。《中国法院年度案例》丛书的价值追求，即公开精品案例，研究案例所体现的裁判方法和价值理念，提炼裁判规则，助推司法标准统一。

《中国法院年度案例》丛书，是国家法官学院于2012年开始编辑出版的一套大型年度案例丛书。丛书由国家法官学院案例开发研究中心具体承担编辑工作，每年年初定期出版。此前，该中心坚持20余年连续不辍编辑出版了《中国审判案例要览》丛书近90卷，分中文版和英文版在海内外发行，颇有口碑，享有赞誉。作为一种全新的案例研究产品，《中国法院年度案例》丛书旨在加强完善中国特色案例指导制度，探索编辑案例的新方法、新模式，以弥补当前各种案例出版物的不足。该丛书2012~2019年已连续出版8套，一直受到读者的广泛好评，并迅速售罄。为更加全面地反映我国司法审判执行工作的发展进程，顺应审判执行实践的需要，响应读者需求，2014年度新增3个分册即金融纠纷、行政纠纷、刑事案例，2015年度将刑事案例调整为刑法总则案例、刑法分则案例2册，2016年度新增知识产权纠纷分册，2017年度新增执行案例分册，2018年度、2019年度将刑事案例扩充为4个分册。现国家法官学院及时编撰推出《中国法院2020年度案例》系列丛书，共23册。

当前市面上的案例丛书百花齐放，又有裁判文书网，可以查询各级法院、各类的裁判文书，还有各种专门领域的案例汇编书籍，以及各种案例指导、案例参考等读物，各具特色。而《中国法院年度案例》丛书则以开放务实的态度、简洁明快的风格，试图把案例书籍变得“好读有用”，故在编辑中坚持以下方法：一是高度提炼案例内容，控制案例篇幅，每个案例基本在3000字以内；二是突出争议焦点，剔除无效信息，尽可能在有限的篇幅内为读者提供有效、有益的信息；三是注重对案件裁判文书的再加工，大多数案例由案件的主审法官撰写“法官后语”，高度提炼、总结案例的指导价值。

同时，《中国法院年度案例》丛书还有以下特色：一是信息量大。国家法官学院案例开发研究中心每年从全国各地法院收集到的上一年度审结的典型案例近万件，使该丛书有广泛的选编基础，可提供给读者新近发生的全国各地多种类型的代表性案例。二是方便检索。为体现以读者为本，丛书分卷细化，每卷下还将案例主要根据案由分类编排，每个案例用一句话概括裁判规则、裁判思路或焦点问题作为主标题，让读者一目了然，迅速找到目标案例。

中国法制出版社始终全力支持《中国法院年度案例》丛书的出版，给了作者和编辑们巨大的鼓励。2018年、2019年连续推出数据库增值服务，2020年继续提供数据库增值服务并充实完善数据内容。购买本书，扫描前勒口二维码，即可在本年度免费查阅往年同类案例数据库。我们在此谨表谢忱，并希望通过共同努力，逐步完善，做得更好，真正探索出一条编辑案例书籍、挖掘案例价值的新路，更好地服务于学习、研究法律的读者，服务于社会，服务于国家的法治建设。

本丛书既可作为法官、检察官、律师等司法实务工作人员的办案参考和司法人员培训推荐教程，也是社会大众学法用法的极佳指导，亦是教学科研机构案例研究的精品素材。当然，案例作者和编辑在编写过程中也难以一步到位实现最初的编写愿望，可能会存在各种不足，甚至错误，欢迎读者批评指正，我们愿听取建议，并不断改进，不断扩大案例研究领域，实现中国特色案例研究事业新发展。

从今年起，《中国法院年度案例》改由国家法官学院与最高人民法院司法案例研究院共同编辑。最高人民法院司法案例研究院是中编办批准设置的最高人民法院的司法案例专门研究机构，与国家法官学院合署办公，在最高人民法院领导下，秉持服务司法审判实践、经济社会发展、法学教育研究、中外法学交流、法治中国建设的办院宗旨，坚持“服务、创新、合作、开放、共享”工作原则，依托国家法官学院开展司法案例的收集、生成、研究、发布和国际交流工作。司法案例研究院的加入，必将使本套丛书的编辑力量更加壮大，案例质量将进一步提升。

国家法官学院副院长

最高人民法院司法案例研究院负责人

蒋惠岭

目 录

Contents

一、借款合同

二、保　证

三、抵　押

四、质　押

一、借款合同

1

“借新还旧”与“胁迫、欺诈”型担保责任免除的认定

——杨某凡诉洛阳顺吉房地产开发有限公司等借款合同案

【案件基本信息】

1. 裁判书字号

河南省洛阳市中级人民法院（2018）豫03民终1866号民事判决书

2. 案由：借款合同纠纷

3. 当事人

原告：杨某凡

被告：洛阳顺吉房地产开发有限公司（以下简称顺吉房地产公司）、洛阳谊成机械有限公司（以下简称谊成机械公司）、张某

【基本案情】

2014年，谊成机械公司向洛阳磊辉矿业有限公司借款200万元，张某对该笔借款进行担保。借款到期后，谊成机械公司没有按期归还借款。随后，洛阳磊辉矿业有限公司向洛阳市瀍河区人民法院提起诉讼，并申请了财产保全。该案审理期间，2015年1月21日，谊成机械公司向洛阳磊辉矿业有限公司背书转让未到期的商业承兑汇票两张（2015年4月13日汇票到期），承兑金额共计200万元，谊成机械公司承诺：“我公司已付洛阳磊辉矿业有限公司商业承兑200万元，我公司愿承担20%的贴息费用，即抵借款本金160万元，如该商业承兑到期不能兑付，我公司愿

承担全部损失。”2015年2月17日，洛阳市瀍河区人民法院作出（2014）瀍民初字第708号民事判决书，判决：(1) 被告谊成机械有限公司于该判决生效后30日内偿还原告洛阳磊辉矿业有限公司本金27万元及利息，利息按月利率2%计算，自2015年1月22日起至本判决确定的给付之日止。(2) 被告谊成机械公司于该判决生效后30日内偿还原告洛阳磊辉矿业有限公司借款利息27.26万元，违约金60万元，合计87.26万元。(3) 被告洛阳润博机械制造有限公司、被告张某、被告郭某森、被告张某飞对以上债务承担连带清偿责任。该生效判决确认，谊成机械公司交付给洛阳磊辉矿业有限公司的200万元商业承兑汇票，折抵已归还的借款本金160万元。2015年4月13日，上述商业承兑汇票到期后，原告杨某凡、被告张某、谊成机械公司均称该200万元商业承兑汇票无法兑付。

张某、谊成机械公司称为了归还因承兑无法兑付而欠洛阳磊辉矿业有限公司的借款，又向洛阳磊辉矿业有限公司的法定代表人杨某凡即本案原告借款。其间，张某通过案外人李某介绍，与顺吉房地产公司法定代表人李某信协商由顺吉房地产公司提供担保，向杨某凡借款300万元。张某与洛阳顺吉房地产公司协商该300万元借款发生后，由张某使用100万元，由顺吉房地产公司使用200万元。

2015年6月16日，杨某凡与张某、洛阳顺吉房地产公司、洛阳谊成机械公司签订借款合同一份，合同约定张某向杨某凡借款300万元，借款期限为30天，自2015年6月16日至2015年7月15日，月利率为3%，顺吉房地产公司、谊成机械公司作为保证人对上述债务承担连带保证责任，同时顺吉房地产公司以自己名下位于新安县“秀水城邦”小区2100平方米左右的商品房作为抵押物对该笔借款提供担保，并办理抵押备案手续。如果张某未按约定期限归还借款，还应向杨某凡支付为实现债权而支出的全部费用（律师费、保全费、诉讼费、差旅费、执行费等）。合同签订后，合同约定的顺吉房地产公司提供担保的新安县“秀水城邦”商品房未办理抵押登记手续。同日，杨某凡通过银行转账的方式，分两笔，一笔100万元、另一笔200万元，共向张某转款300万元，其中杨某凡先向被告张某银行卡转入100万元，该笔100万元款项到账后立即再由张某转入杨某凡任法定代表人的洛阳磊辉矿业有限公司的银行账户，另一笔200万元以同样的方式先由杨某凡转入张某账户，然后再由张某账户转入洛阳磊辉矿业有限公司账户。

2015年6月26日，张某向李某信给付10万元，张某按照李某信的要求，将该

10 万元转账至李某信妻子的哥哥赵克明的银行卡内。杨某凡在 2014 年 6 月 16 日至 2015 年 10 月 21 日系洛阳磊辉矿业有限公司的法定代表人、股东。张某系谊成机械有限公司的法定代表人。

本案在庭审过程中，顺吉房地产公司认为本案当事人涉嫌刑事犯罪，并向公安机关报案，但并未收到公安机关的立案证明材料。

【案件焦点】

1. 原告所主张的借款事实是否真实存在；2. 被告洛阳顺吉房地产公司是否对该债务承担连带保证责任。

【法院裁判要旨】

河南省洛阳市高新技术产业开发区人民法院经审理认为：原告杨某凡将借款 300 万元转账至被告张某的银行卡后，没有停留直接又转回了其任法定代表人的洛阳磊辉矿业有限公司的账户，虽然洛阳磊辉矿业有限公司与原告杨某凡系不同的民事法律主体，该 300 万元借款看似实际履行，但原告杨某凡作为洛阳磊辉矿业有限公司的法定代表人，该 300 万元通过银行转账转一圈又回到了其实际控制之下，实质上不能认定其已经履行了借款的支付义务。

关于被告顺吉房地产公司是否应当承担连带保证责任的问题，法院认为，本案借款合同并未实际履行，被告顺吉房地产公司作为担保人，不应承担保证责任。

综上所述，河南省洛阳市高新技术产业开发区人民法院于 2017 年 11 月 22 日作出（2016）豫 0391 民初 261 号民事判决：驳回原告杨某凡的诉讼请求。

杨某凡不服原审判决，提起上诉。河南省洛阳市中级人民法院经审理认为：杨某凡上诉称被上诉人张某向其借款系用于偿还拖欠洛阳磊辉矿业有限公司的借款。在被上诉人张某、谊成机械有限公司拖欠洛阳磊辉矿业有限公司借款不能偿还的情况下，洛阳磊辉矿业有限公司当时的法定代表人杨某凡又向被上诉人张某出借 300 万元用于张某偿还由杨某凡实际控制的洛阳磊辉矿业有限公司的借款，不符合常理。并且在二审庭审过程中，上诉人认可（2014）瀍民初字第 708 号民事判决还在执行过程中。结合杨某凡将本案所涉 300 万元转账至张某账户后，该款又马上转至上诉人杨某凡实际控制的洛阳磊辉矿业有限公司账户的情形，一审认定本案诉争的借款看似实际履行，但最终回到杨某凡实际控制之下，实质上杨某凡并未履行借款支付义务，进而认定被上诉人不承担保证责任，符合相关法律规定，并无不当。综上，上诉人杨某凡的上诉请求，依据不足，法院不予支持。河南省洛阳市中级人民法院判决如下：驳回上诉、维持原判。

【法官后语】

借款合同纠纷案件的审理，首先要认定借款的事实是否真实存在。注意审查借款是否实际出借，即债权人的出借义务是否履行完毕，必须有充分的证据予以证明。其次要求担保人承担连带保证责任的时候，要结合案件事实予以区别，正确的适用法律才能维护当事人的合法权益。

一、假设在原告杨某凡已经实际履行出借义务的前提下，被告顺吉房地产公司是否应当承担连带保证责任的问题，就要区别“借新还旧”型担保责任免除与“胁迫、欺诈”型担保责任免除

合议庭讨论案件时认为，即使认定本案原告杨某凡已经履行了出借义务，但被告顺吉房地产公司依然可以免除保证责任。理由如下：根据《最高人民法院关于适用〈中华人民共和国担保法〉若干问题的解释》第四十条的规定：“主合同债务人采取欺诈、胁迫等手段，使保证人在违背真实意思的情况下提供保证的，债权人知道或者应当知道欺诈、胁迫事实的，按照担保法第三十条的规定处理。”根据《中华人民共和国担保法》第三十条的规定，有下列情形之一的，保证人不承担民事责任：（一）主合同当事人双方串通，骗取保证人提供保证的；（二）主合同债权人采取欺诈、胁迫等手段，使保证人在违背真实意思的情况下提供保证的。在本案中，被告张某在庭审过程中明确表示，其与被告顺吉房地产公司法定代表人李某信协商向原告杨某凡借款300万元，约定由被告张某使用100万元、被告洛阳顺吉房地产公司使用200万元。但实际上被告张某借款300万元的目的在于归还之前欠付洛阳磊辉矿业有限公司的借款。被告张某到庭明确表示了其未向被告顺吉房地产公司讲过该300万元原告杨某凡已经向其支付，并已经用于归还洛阳磊辉矿业有限公司的事实。被告张某的行为，符合上述法律规定的主合同债务人采取欺诈、胁迫等手段，使保证人在违背真实意思的情况下提供保证的情形。

关于原告杨某凡作为债权人是否知道或者应当知道被告张某欺诈被告顺吉房地产公司提供保证的问题。笔者认为，借款的实际用途对于被告顺吉房地产公司判断

保证风险以及是否同意签订借款合同具有重大影响。涉案借款合同中明确约定了该笔300万元的借款用于合法经营，不得挪作其他非法用途。原告杨某凡作为借款合同中被告顺吉房地产公司提供担保责任的受益人，在与被告张某协商该笔借款的时候，明知道被告张某并未将该笔300万元的借款用于公司的生产经营，而是用于归还其任法定代表人的洛阳磊辉矿业公司的借款，且该300万元借款由原告杨某凡的账户转至被告张某的账户后，立即就转至洛阳磊辉矿业有限公司的账户，能够认定原告杨某凡与被告张某就转账事宜已经协商一致。然而本案原告杨某凡并未在借款合同签订前、签订时向被告顺吉房地产公司披露该事实，并且借款合同中的借款用途依然标注为用于合法经营，明显与实际不符。因此，原告杨某凡的行为，符合《最高人民法院关于适用〈中华人民共和国担保法〉若干问题的解释》第四十条规定的“债权人知道或者应当知道欺诈、胁迫事实的”的情形。综上所述，被告顺吉房地产公司的保证责任应当予以免除。

二、本案不属于“借新还旧”型担保责任免除

认定借新还旧主要应区别主合同当事人是否一致，当事人在诉讼中所产生的法律责任的主体地位是否一致。本案当事人张某在原借款合同中属于担保人，承担的是担保责任，在本案的借款合同中是借款人，承担的是基于借款事实产生的还款义务，是主债务人。因此，看似两份借款合同有相同的当事人，但法律地位是不同的，承担的法律责任也是不同的，因此不属于“借新还旧”，亦不能适用该条法律来免除担保人的法律责任。

编写人：河南省洛阳市高新技术产业开发区人民法院　韩明

2

电话、短信催款及起诉后撤诉是否导致诉讼时效中断

——北京新华实业总公司诉中永信实业发展有限公司借款合同案

【案件基本信息】

1. 裁判书字号

北京市第三中级人民法院（2018）京03民终13803号民事裁定书

2. 案由：借款合同纠纷

3. 当事人

原告（被上诉人）：北京新华实业总公司（以下简称新华公司）

被告（上诉人）：中永信实业发展有限公司（以下简称中永信公司）

【基本案情】

新华公司向中永信公司出借本金共计900万元，合同未约定期限及利息。中永信公司向新华公司出具《承诺书》，明确承诺还清之前利息为450万元，经新华公司核算，该450万元利息是按照年息22%的标准计算得出的。中永信公司逾期偿还借款本金，新华公司按照年息10%的标准主张逾期还款利息。中永信公司长期占用款项不予归还，现新华公司诉至法院，请求判令中永信公司清偿借款、未支付利息、逾期利息、违约金，并承担诉讼费用。

【案件焦点】

1. 关于本案是否超过诉讼时效；2. 撤回起诉、电话及短信催款是否导致诉讼时效中断。

【法院裁判要旨】

北京市朝阳区人民法院经审理认为：新华公司依约向中永信公司出借本金，中永信公司承诺尽快还清利息450万元，该笔利息性质应属借期内利息，现有证据虽

未明确体现利息计算期间及支付标准，根据法院核算，该笔450万元利息的支付标准高于年息10%且低于年息24%，该标准未违反法律规定，法院对相应利息标准不持异议，对该笔利息金额予以确认。中永信公司虽已偿清借款本金，但确有逾期还款情形，应向新华公司支付迟延还款利息损失。新华公司主张的逾期利息计算方式、基数、期间均无误，标准亦低于借期内利息标准，法院不持异议。经法院依法核算，新华公司主张的逾期利息金额无误，法院予以确认。新华公司要求中永信公司支付未支付借期内利息的经济损失费以及未支付借期内利息的违约金，实属复利性质，于法无据且有违公平原则，法院不予支持。根据法律规定，权利人向义务人提出履行请求，诉讼时效中断，从中断、有关程序终结时起，诉讼时效期间重新计算。在中永信公司于2013年9月22日最后一次还款后，新华公司职员赵某玲及侯某与中永信公司法定代表人李某宁在2015年4月至2016年10月通过手机短信及通话始终保持联络，且现无证据证明新华公司与中永信公司之间除本案借款合同关系外存在其他债权债务关系或其他往来，亦无证据证明赵某玲及侯某个人与李某宁个人之间存在其他关联，故可以认定上述短信及通话内容为新华公司向中永信公司主张本案债权，新华公司主张权利的行为产生诉讼时效中断的效力，诉讼时效期间应重新计算。因此，新华公司于2018年1月11日提起本案诉讼未过诉讼时效。中永信公司的时效抗辩意见，法院不予采纳。新华公司曾于本案诉讼前将中永信公司以借款合同纠纷 案诉至法院，后撤回起诉，故本案不属于一事不再理情形。中永信公司的此点抗辩意见，法院不予采纳。

综上所述，依照《中华人民共和国民法总则》第一百九十五条，《中华人民共和国合同法》第二百零五条、第二百零六条、第二百零七条之规定，判决如下：

一、被告中永信公司于本判决生效之日起七日内向原告新华公司支付借期内利息450万元；

二、被告中永信公司于本判决生效之日起七日内向原告新华公司支付逾期利息550833.33元；

三、驳回原告新华公司的其他诉讼请求。

中永信公司上诉至北京市第三中级人民法院，审理过程中，中永信公司申请撤回上诉。北京市第三中级人民法院作出裁定：准予撤回上诉。

【法官后语】

1. 关于本案是否超过诉讼时效。首先，诉讼时效是指民事权利受到侵害的权利人在法定的时效期间内不行使权利，当时效期间届满时，义务人获得诉讼时效抗辩权。在法定的诉讼时效期间届满之后，权利人行使请求权的，人民法院就不再予以保护。根据《中华人民共和国民法总则》第一百九十五条的规定，有下列情形之一的，诉讼时效中断，从中断、有关程序终结时起，诉讼时效期间重新计算：（一）权利人向义务人提出履行请求；（二）义务人同意履行义务；（三）权利人提起诉讼或者申请仲裁；（四）与提起诉讼或者申请仲裁具有同等效力的其他情形。其次，新华公司于2007年3月26日、2007年4月29日、2007年7月12日分别向中永信公司出借300万元。本案诉讼时效情况如下：第一，双方未约定借款期限，诉讼时效因权利人向义务人提出履行请求发生中断；第二，2009年8月20日，中永信公司承诺在2009年9月30日前偿还借款本金900万元并尽快还清利息450万元，故诉讼时效自2009年9月30日起算二年；第三，中永信公司于2009年11月30日偿还借款本金500万元，因义务人履行义务诉讼时效中断，诉讼时效自2009年11月30日起算二年；第四，中永信公司于2009年12月17日偿还借款本金300万元，因义务人履行义务诉讼时效中断，诉讼时效自2009年12月17日起算二年至2011年12月16日，剩余100万元本金债权于2011年12月17日诉讼时效期间届满；第五，诉讼时效期间届满后，中永信公司于2013年9月22日偿还借款本金100万元，诉讼时效因义务人履行发生中断，债权诉讼时效自2013年9月22日起算二年；第六，新华公司职员于2015年4月21日向李某宁发送手机短信沟通还款事宜，因权利人向义务人提出履行请求诉讼时效中断，债权诉讼时效自2015年4月21日起算二年；第七，新华公司职员于2016年10月13日与被告法定代表人发送手机短信沟通还款事宜，因权利人向义务人提出履行请求诉讼时效中断，债权诉讼时效自2016年10月13日起算二年；第八，新华公司于2018年1月11日提起本案诉讼，未过二年诉讼时效；第九，根据法律规定，民法总则施行之日，诉讼时效期间尚未满民法通则规定的二年或者一年，当事人主张适用民法总则关于三年诉讼时效期间规定的，人民法院应予支持。如本案当事人主张适用民法总则关于三年诉讼时效期间规定的，应予采纳。

2. 关于诉讼时效届满后，中永信公司于2013年9月22日偿还借款本金100万元的问题。《中华人民共和国民法总则》第一百九十二条第一款规定，诉讼时效期间届满后，义务人同意履行的，不得以诉讼时效期间届满为由抗辩；义务人已自愿履行的，不得请求返还。

3. 关于撤回起诉是否导致诉讼时效中断，实践中存在不同的观点：第一种观点认为，民法总则规定，权利人提起诉讼发生诉讼中断的效果，《最高人民法院关于审理民事案件适用诉讼时效制度若干问题的规定》第十二条规定，当事人一方向人民法院提交起诉状或者口头起诉的，诉讼时效从提交起诉状或者口头起诉之日起中断。故只要当事人提起诉讼即产生诉讼时效的中断。第二种观点认为，撤诉是当事人依其意思表示放弃因诉讼发生的法律后果的行为，是当事人对其诉讼权利的处分，按照诉讼法上的“撤回的诉，视为未起诉”的诉讼规则，不发生起诉的效果，自然也就不产生诉讼时效的中断。第三种观点认为，《中华人民共和国海商法》第二百六十七条规定，时效因请求人提起诉讼、提交仲裁或者被请求人同意履行义务而中断。但是，请求人撤回起诉、撤回仲裁或者起诉被裁定驳回的，时效不中断。实践中应根据是否送达义务人作区分，如果法院对义务人完成了送达，则构成诉讼时效中断，如果未送达、当事人未缴纳诉讼费不产生诉讼时效中断的法律效果。笔者认为，我国民法总则未对撤回起诉或者起诉被裁定驳回，时效是否中断作出明确规定，但是诉讼时效的目的是督促权利人行使权利，既然当事人及时行使了请求权，撤回起诉不影响诉讼时效中断的法律后果。故在本案中，新华公司于2016年10月14日将中永信公司以借款合同纠纷一案诉至法院（法院于2017年5月11日裁定准许撤回起诉），诉讼时效因提起诉讼而中断，债权诉讼时效自2016年10月14日起算二年。

4. 关于电话及短信催款是否发生诉讼时效中断。《最高人民法院关于审理民事案件适用诉讼时效制度若干问题的规定》第十条规定，具有下列情形之一的，应当认定为民法通则第一百四十条规定的“当事人一方提出要求”，产生诉讼时效中断的效力……（二）当事人一方以发送信件或者数据电文方式主张权利，信件或者数据电文到达或者应当到达对方当事人的……本案中，自中永信公司于2013年9月22日最后一次还款后，新华公司职员赵某玲及侯某多次与中永信公司法定代表人李某宁联系催促还款，上述通话及短信内容均为新华公司催促还款以及双方沟通还款事宜。为此，新华公司提交了赵某玲的劳动合同及任职通知以及侯某的劳动合同及社会保险参保人员表，用以证明赵某玲及侯某系新华公司职员，二人代表新华公司催收欠款。新华公司亦提交了公证书、中国移动通信客户短信/彩信详单以及中国移动通信客户语音通信详单，用以证明催收欠款情况。新华公司尽到相应的举证责任，中永信公司虽不认可，但是未进行举证，故法院对新华公司的证据予以采信。

随着科技的发展，权利人提出履行请求的证据表现形式不断丰富，如当事人通过电子邮件、QQ号、微信等通信工具发送了催款信息，能够证明权利人向义务方直接明确提出了权利请求，主张权利的行使不应作限制解释。

编写人：北京市朝阳区人民法院　马娇　王茜

3

盖公章的纸张被改头换面成借条后，公司不应当承担还款义务

——孝义市蔬菜公司诉山西中兴水泥有限责任公司、田某民间借贷案

【案件基本信息】

1. 裁判书字号

山西省吕梁市中级人民法院（2018）晋11民终1647号民事判决书

2. 案由：民间借贷纠纷

3. 当事人

原告（被上诉人）：孝义市蔬菜公司（以下简称蔬菜公司）

被告（上诉人）：山西中兴水泥有限责任公司（以下简称中兴公司）

被告（被上诉人）：田某

【基本案情】

2013 年 7 月 5 日，由田某书写签字、中兴公司签字盖章，共同向蔬菜公司出具的借据载明："今借到孝义市蔬菜公司现金柒拾万元，该款有偿使用，从 2013 年 7 月 5 日开始至 2014 年 7 月 4 日止。"蔬菜公司将借款 700000 元交付田某。田某以月息 2 分支付蔬菜公司利息至 2015 年 6 月。后蔬菜公司向孝义市人民法院起诉请求：1. 判令二被告共同归还原告借款 700000 元；2. 判令二被告给付从 2015 年 7 月 1 日至付清借款之日的利息每月 14000 元，暂计为 140000 元；3. 判令二被告承担本案诉讼费用。

【案件焦点】

1. 中兴公司与蔬菜公司是否形成真实的借贷关系；2. 田某于 2013 年 7 月 5 日向蔬菜公司出具的有其本人签名并加盖中兴公司法人印章的借条能否作为蔬菜公司向中兴公司主张权利的债权凭证。

【法院裁判要旨】

山西省孝义市人民法院经审理认为：被告田某、中兴公司共同向原告蔬菜公司出具借据借款 700000 元，未能给付形成债务，依法应予共同偿还。原告要求被告以月息 2 分支付原告逾期利息，但原、被告双方在借据中对借款利率约定不明，仅是原告陈述被告田某以月息 2 分支付利息但未提供相关证据，原告的以上主张，法院不予支持。被告应从原告主张的给付利息之日即 2015 年 7 月 1 日起以年利率 6% 支付原告资金占用期间的利息，直至付清借款为止。被告中兴公司辩称是被告田某以该公司出具的手续伪造借据向原告借款，但未提供相关证据，法院不予认定。综上所述，原告要求被告给付借款的诉讼请求，法院依法应予支持。被告田某、中兴公司应共同给付原告借款 700000 元，并从 2015 年 7 月 1 日起以借款本金 700000 元以年利率 6% 计算给付原告利息直至付清借款为止。依照《中华人民共和国民法通则》第九十条、第一百零八条，《最高人民法院关于审理民间借贷案件适用法律若干问题的规定》第二十九条，《中华人民共和国民事诉讼法》第一百四十四条之规定，判决如下：

被告田某、中兴公司共同给付原告蔬菜公司借款 700000 元，并从 2015 年 7 月 1 日起以借款本金 700000 元并以年利率 6% 计算给付原告利息直至付清借款为止，于判决书生效后十五日内付清。

中兴公司上诉称，其与蔬菜公司、田某的纠纷根本不是所谓的民间借贷纠纷，而是田某实施的一起经济诈骗犯罪活动。田某以变造公司文件的方式与蔬菜公司负责人赵某恶意串通实施诈骗。综上，请求驳回蔬菜公司的诉讼请求，同时将本案移送公安机关处理。

山西省吕梁市中级人民法院经审理认为：（1）关于中兴公司与蔬菜公司是否形成真实的借贷关系问题。案涉借条作为蔬菜公司与中兴公司借贷关系成立与否的关键证据，存在瑕疵，不足以证明中兴公司与蔬菜公司之间的借贷关系成立。从借条生成及借款交付的角度看，该借条并非蔬菜公司、中兴公司及田某三方同时在场签订的，而是由田某将已经加盖中兴公司印章，落款时间为 2013 年 7 月 5 日，但田某本人未签名的借条交付蔬菜公司，蔬菜公司出于资金安全考虑，要求田某在借条签名后，最终形成案涉借条。而后，蔬菜公司将借款 700000 元现金交付田某而非中兴公司，借款利息均由田某给付，故中兴公司并未实际参与借款全过程，蔬菜公司亦未曾与中兴公司核实借款事宜，与常理不符。从借条中中兴公司印章的出处看，2013 年 7 月 5 日，田某作为中兴公司石灰石供货商，以中兴公司申报火工品为由，要求中兴公司出具加盖该公司印章的书面凭证。中兴公司印鉴使用签批单记载，2013 年 7 月 5 日，该公司因“需下半年火工品计划盖章（面积 1.3 万平方米，火工品计划 70 ~ 80 吨。）”“经电话请示任总同意办理”，使用公司印章一次。且中兴公司负责人任某忠和中兴公司实际控制人任某文分别与田某的通话录音均证实，田某本人明确表示中兴公司未向案涉借条加盖印章，田某亦承认案涉借款并非中兴公司向蔬菜公司所借。从借条中的字迹、笔体来看，该借条中存在两种字体、两种笔迹，分别由两种书写工具完成，其中中兴公司印章处“中兴水泥有限责任公司二0一三年七月五日”字迹为黑色碳素笔所写、借条主文及“借款人田某 2013. 7. 5”为蓝色圆珠笔所写，且借条主文字迹与田某签名字迹高度一致。综合上述理由，蔬菜公司与中兴公司并未就本案所涉 700000 元借款达成合意，蔬菜公司亦未向中兴公司实际履行出借义务，案涉借贷行为均在蔬菜公司和田某两方之间完成，中兴公司并未实际参与其中，故中兴公司与蔬菜公司未形成真实的借贷关系。（2）关于被上诉人田某于 2013 年 7 月 5 日向被上诉人蔬菜公司出具的有其本人签名并加盖中兴公司法人印章的借条能否作为蔬菜公司向中兴公司主张权利的债权凭证问题。如前所述，案涉借条作为蔬菜公司向中兴公司主张债权的唯一凭证，存在两种笔迹、两种笔体，分属两种书写工具完成等瑕疵，且中兴公司与蔬菜公司间不存在真实的借贷关系，故该借条不能作为蔬菜公司向中兴公司主张权利的债权凭证。综上，山西省吕梁市中级人民法院判决如下：

一、撤销山西省孝义市人民法院（2016）晋1181民初2323号民事判决；

二、驳回被上诉人孝义市蔬菜公司对上诉人中兴公司的原审诉讼请求；

三、被上诉人田某在本判决生效之日起十五日内归还被上诉人蔬菜公司借款700000元及利息（以本金700000元为基数，自2015年7月1日起至借款付清之日止，按年利率6%计算）；

四、驳回上诉人中兴公司的其他诉讼请求。

【法官后语】

民间借贷合同的成立与生效包括两个要素：一是双方形成了借贷合意，即双方以书面或者口头形式就借贷事项达成了一致意见；二是出借人实际支付了款项，这两个要素必须同时存在、缺一不可。在现实生活中，借条是证明借贷关系成立与否以及借贷数额、借贷标的、借贷期限等的关键证据。法院在审理以借条形式表现的民间借贷关系时必须对借条内容的真实合法性从多方面进行审查与认定。

本案一审认定中兴公司应承担还款义务；二审否定一审裁判，认定中兴公司不应承担还款义务，争议的焦点在于能否依据涉案借条认定中兴公司与蔬菜公司的借贷关系成立，涉案借条能否作为蔬菜公司向中兴公司主张债权的凭证。

结合在案证据和二审中兴公司提交的新证据，审理查明：从借条生成到借款交付的过程看，所有借贷行为均在田某与蔬菜公司二者之间完成，中兴公司在二审庭审中提交的电话录音证实田某承认中兴公司未曾向蔬菜公司借款，对田某与蔬菜公司的借款行为，中兴公司亦不知情；从借条中中兴公司印章的出处看，中兴公司于借条落款当日的印章使用记录证实，该印章实为申报火工品，而非向蔬菜公司借款；从借条的字迹、笔体看，借条中存在两种笔迹、两种笔体，分属两种书写工具完成等瑕疵。综上，借条中虽有中兴公司印章，但该借条却难以证明中兴公司与田某、蔬菜公司达成了借贷合意，蔬菜公司亦未向中兴公司实际履行出借义务，中兴公司与蔬菜公司未形成真实的借贷关系，涉案借条因存在瑕疵亦不能作为蔬菜公司向中兴公司主张权利的债权凭证。综上，中兴公司不应承担对蔬菜公司的还款义务。

编写人：山西省吕梁市中级人民法院 何星洁

4

管辖协议约定当事人住所地法院管辖且有明确具体地址的应以约定为准

——上海京汇小额贷款有限公司诉厦门寻购信息科技有限公司、潘某腾借款合同案

【案件基本信息】

1. 裁判书字号

北京市第二中级人民法院（2018）京02民辖终1141号民事裁定书

2. 案由：借款合同纠纷

3. 当事人

原告（被上诉人）：上海京汇小额贷款有限公司（以下简称上海京汇公司）

被告：厦门寻购信息科技有限公司（以下简称厦门寻购信息公司）

被告（上诉人）：潘某腾

【基本案情】

上海京汇公司作为贷款人，厦门寻购信息公司作为借款人，双方签订《借款合同》，约定了借款金额、借款期限、借款利息、还款方式等。潘某腾与上海京汇公司签订了《最高额保证合同》，约定由其对厦门寻购信息公司的全部债务提供连带责任保证。《借款合同》和《最高额保证合同》中均有协议管辖条款，约定各方在履行合同过程中发生争议向甲方所在地有管辖权的人民法院起诉。两份合同首部均载明“贷款人（甲方）：上海京汇小额贷款有限公司，地址：上海市嘉定工业区叶

城路925号B区5幢×××室”。合同签订后，上海京汇公司依约发放了贷款，后厦门寻购信息公司逾期未还，上海京汇公司起诉至北京市大兴区人民法院。上海京汇公司的注册登记地址为上海市嘉定工业区叶城路295号B区×××室，上海京汇公司以其公司实际经营地位于北京经济技术开发区科创十一街18号院京东大厦A座14层为由，在北京市大兴区人民法院起诉。

潘某腾在提交答辩状期间对管辖权提出异议，认为合同中的“甲方所在地”约定的地址是上海市嘉定工业区叶城路295号B区×××室，本案应当由上海京汇公司的所在地法院，即上海市嘉定区人民法院管辖。

【案件焦点】

管辖协议约定由当事人住所地法院管辖，且当事人住所地有具体地址的，起诉时应以约定为准，还是应当根据相关法律规定，确定当事人的住所地。

【法院裁判要旨】

北京市大兴区人民法院经审理认为：根据上海京汇公司提交的证据，结合法院现场勘查的情况，可以确定上海京汇公司的主要办事机构所在地位于北京经济技术开发区科创十一街18号院京东大厦A座14层，根据《最高人民法院关于适用〈中华人民共和国民事诉讼法〉的解释》第三条规定，法人或者其他组织的住所地是指法人或者其他组织的主要办事机构所在地。故北京市大兴区人民法院作为当事人协议管辖条款中约定的上海京汇公司住所地人民法院，对本案具有管辖权，因此，裁定驳回潘某腾对管辖权提出的异议。

潘某腾提起上诉。北京市第二中级人民法院经审理认为：鉴于《贷款额度合同》已明确载明上海京汇公司的所在地位于上海市嘉定区，上海京汇公司的登记注册地址亦位于上海市嘉定区，故双方当事人选择纠纷由上海京汇公司的所在地上海市嘉定区人民法院管辖的意思表示明确，约定合法有效。现双方在履行上述合同中发生争议，应当据此确定管辖。因此，裁定撤销一审裁定，本案移送上海市嘉定区人民法院处理。

【法官后语】

在协议管辖中，最常见的就是约定由某一方当事人住所地法院管辖。如果合同中没有对当事人住所地具体写明，应当按照协议签订时当事人住所地确定管辖法院。如果协议签订后当事人住所地变更的，由签订管辖协议时的住所地人民法院管辖，但当事人另有约定的除外（《最高人民法院关于适用〈中华人民共和国民事诉讼法〉的解释》第三十二条）。

在本案中，当事人在合同中约定由上海京汇公司住所地法院管辖，如果双方在合同中没有写明上海京汇公司的住所地，则区分两种情况。上海京汇公司的注册登记地在上海市嘉定区，如果上海京汇公司在协议签订时，主要办事机构所在地已经在北京市大兴区，那么北京市大兴区人民法院对本案有管辖权。如果上海京汇公司系在协议签订后主要办事机构所在地变更为北京市大兴区，那么仍应以原注册登记地确定管辖，北京市大兴区人民法院对本案没有管辖权。

在本案中，虽然在协议管辖条款中没有进一步明确上海京汇公司住所地为何地，但在合同首部载明："贷款人（甲方）：上海京汇公司，地址：上海市嘉定工业区叶城路925号B区5幢×××室。"因此，应当视为当事人约定了明确的管辖法院。上海京汇公司在一审中提交了《房屋租赁协议书》以证明其实际经营地位于北京市大兴区。从租赁协议的时间和借款合同的时间可以看出，本案借款合同签订时，上海京汇公司已在北京市大兴区实际办公，但上海京汇公司仍在合同中写明其地址为注册地上海市嘉定区，因此，双方签订协议时的真实意思是确定上海市嘉定区人民法院为双方争议的管辖法院。

因此，管辖协议约定由当事人住所地法院管辖，且在合同中写明了当事人具体明确的住所地的，应当以双方约定为准确定管辖法院，而不应当按照法律规定确定合同签订时的当事人住所地，更不应当按照法律规定确定起诉时的当事人住所地。这种写明可以是在协议管辖条款中指明，可以是在合同首部或尾部当事人情况处载明，总之在按照协议管辖确定管辖法院时应当极力探寻并尊重当事人的真实意思，只有这样才符合协议管辖制度的初衷。

编写人：北京市第二中级人民法院　李琴

5

借款担保合同中的“承诺函”如何审查

——中国建设银行股份有限公司山西省分行诉山西欣如置业有限公司等借款合同案

【案件基本信息】

1. 裁判书字号

山西省高级人民法院（2018）晋民终632号民事判决书

2. 案由：借款合同纠纷

3. 当事人

原告（上诉人）：中国建设银行股份有限公司山西省分行（以下简称建行山西分行）

被告（被上诉人）：山西欣如置业有限公司（以下简称欣如置业公司）

被告：山西贝瑞精密工业股份有限公司（以下简称贝瑞公司）、北京国瑞和包装印刷有限公司、山西昕尼科工贸有限公司、运城市新恒新商贸有限公司、昆明信瑞包装有限公司、彭某龙、樊某英

【基本案情】

2015年9月17日，建行山西分行与贝瑞公司签订《贸易融资额度合同》，建行山西分行同意为贝瑞公司提供贸易融资额度，贸易融资额度最高限额为人民币5710万元，额度有效期间自2015年9月17日至2016年9月8日。贝瑞公司向建行山西分行申请了共计11份《信托收据贷款申请书》，贷款到期后，建行山西分行垫付本金4215863.77美元。建行山西分行主张该11笔信托收据贷款的应付利息为90369.04美元。

2015年至2016年，贝瑞公司与建行山西分行签订2015－抵押－03号《抵押合同》，昆明信瑞包装有限公司与建行山西分行签订2015－抵押－12号《最高额抵押

合同》，彭某龙、樊某英与建行山西分行签订2015－最高额－01号《最高额抵押合同》。其中，2015年8月，欣如置业公司向建行山西分行出具《承诺函》，内容为："我公司在晋阳街88号投资建设的'兴业大厦'项目，目前该项目已取得土地证、建筑工程施工许可证、建设工程规划许可证、建设用地规划许可证、商品房预售许可证五证，主体建设已完工，内部空调、消防等工作也已完成，目前正在进行外立面幕墙的施工，正在做各项验收工作。现我公司承诺：1. 积极推动房产证办理及土地证分割的相关事宜；2. 在该项目取得房产证以及分割后的土地证后，我公司20个工作日内将向贵行抵押该项目西裙楼第三层房产（房号为30××、30××、30××、30××，建筑面积约为2295.73平方米，目前预评估总价为5204.19万元）及相应的土地，为山西贝瑞精密工业股份有限公司在贵行的进出口贸易额度4000万元整提供抵押担保。"

2015年9月17日，北京国瑞和包装印刷有限公司、山西昕尼科工贸有限公司、运城市新恒新商贸有限公司、彭某龙、樊某英分别与建行山西分行签订2015－最高额保证－03号《最高额保证合同》，约定为上述债务提供最高额保证，保证方式为连带责任保证，保证期间自主合同债务履行期限届满日后两年止。

因贝瑞公司未按时还款，建行山西分行向法院诉请：（1）请求贝瑞公司偿还建行山西分行借款本金4215863.77美元、人民币21736679.31元，利息90369.04美元，以及自2016年6月29日起至还清全部贷款本息日止的利息；（2）建行山西分行对贝瑞公司抵押的存放于贝瑞公司新郑包装分公司的十五项机器设备享有抵押权，建行山西分行对拍卖、变卖抵押物的价款享有优先受偿权；（3）建行山西分行对昆明信瑞包装有限公司位于云南省嵩明杨林工业园区天水路东北侧的13735.51平方米土地及房屋享有抵押权，建行山西分行对拍卖、变卖抵押物的价款享有优先受偿权；（4）建行山西分行对欣如置业公司位于太原市晋阳街兴业大厦西裙楼第三层房产及相应土地享有抵押权，建行山西分行对拍卖、变卖抵押物的价款享有优先受偿权，或欣如置业公司在上述抵押财产价值范围内承担连带清偿责任；（5）判决建行山西分行对彭某龙、樊某英位于运城市河东东路凤凰小区17幢3单元××号的房屋享有抵押权，建行山西分行对拍卖、变卖抵押物的价款享有优先受偿权；（6）北京国瑞和包装印刷有限公司、山西昕尼科工贸有限公司、运城市新恒新商贸有限公司、彭某龙、樊某英对上述第一项借款本息承担连带清偿责任；（7）依法判决本案诉讼费由各被告承担。

【案件焦点】

欣如置业公司《承诺函》的效力及性质问题。

【法院裁判要旨】

山西省太原市中级人民法院经审理认为：建行山西分行与贝瑞公司签订的《贸易融资额度合同》《信托收据贷款申请书》《国内信用证开证合同》等均系当事人的真实意思表示，且内容未违反法律、行政法规的强制性规定，各方当事人应当依约履行各自的义务，现建行山西分行出借款项，贝瑞公司未按时还款，造成纠纷在贝瑞公司，故对建行山西分行要求贝瑞公司偿还借款及本息的合理主张予以支持。被告贝瑞公司以其机器设备提供质押担保，被告昆明信瑞包装有限公司以其土地及房屋提供抵押担保，被告彭某龙、樊某英以其共有的房屋提供抵押担保，上述抵押担保均在主管部门办理了他项权登记，上述各被告抵押担保意思表示真实，抵押权依法设立，故对建行山西分行要求对上述抵押的财产依法享有优先受偿权的主张予以支持。被告北京国瑞和包装印刷有限公司、被告山西昕尼科工贸有限公司、被告运城市新恒新商贸有限公司、被告彭某龙、被告樊某英分别与建行山西分行签订最高额保证合同，保证方式为连带责任保证。依据合同约定，上述被告在主债务被告贝瑞公司未履行还款义务的情况下，应当按照约定承担相应的担保责任，故对建行山西分行要求上述被告对本案借款承担连带清偿责任的主张，予以支持。关于建行山西分行主张的律师费及其他实现债权的费用，因建行山西分行未提供充分证据证明其实际发生及金额，故对其该主张，不予支持。

被告欣如置业公司向建行山西分行出具《承诺函》，承诺以其房屋提供抵押担保，虽担保的意思表示明确，但始终未办理抵押登记，且建行山西分行与被告欣如置业公司并未签订抵押合同，故对建行山西分行要求被告欣如置业公司在其承诺抵押担保的范围内承担连带清偿责任的主张不予支持。

综上，依照《中华人民共和国合同法》第一百零七条、第二百零五条、第二百零七条，《中华人民共和国担保法》第十八条，《中华人民共和国民事诉讼法》第一百四十四条的规定，判决如下：

一、被告贝瑞公司于本判决生效之日起十日内归还原告建行山西分行信托收据本金4215863.77美元、利息90369.04美元及自2016年6月29日起至本判决确定履行之日止的按合同约定伦敦同业拆借利率+380基点计算的利息。国内信用证垫付本金人民币21719455.81元及利息（其中9982679.31元的利息以9982679.31元为基数，从2016年7月5日起按照每日利息万分之五计算至本判决确定履行之日止；11736776.5元的利息以11736776.5元为基数，从2016年7月21日起按照每日利息万分之五计算至本判决确定履行之日止）；

二、被告北京国瑞和包装印刷有限公司、被告山西昕尼科工贸有限公司、被告运城市新恒新商贸有限公司、被告彭某龙、被告樊某英对上述第一项的借款本息承担连带清偿责任。被告北京国瑞和包装印刷有限公司、被告山西昕尼科工贸有限公司、被告运城市新恒新商贸有限公司、被告彭某龙、被告樊某英在承担保证责任后，有权向被告贝瑞公司追偿；

三、原告建行山西分行对被告贝瑞公司抵押的存放于贝瑞公司新郑包装分公司的十五项机器设备享有抵押权，原告建行山西分行对拍卖、变卖抵押物的价款享有优先受偿权；

四、原告建行山西分行对被告昆明信瑞包装有限公司位于云南省嵩明杨林工业园区天水路东北侧的13735.51平方米土地［土地使用权证号为嵩国用（2011）第089号］及房屋（房屋所有权证号为昆明市房权证嵩明县字第201123××号、201123××号）享有抵押权，原告建行山西分行对拍卖、变卖抵押物的价款享有优先受偿权；

五、原告建行山西分行对被告彭某龙、被告樊某英位于运城市河东东路凤凰小区17幢3单元××号的房屋（房屋所有权证号为房权证运市字第023214××号）享有抵押权，原告建行山西分行对拍卖、变卖抵押物的价款享有优先受偿权；

六、驳回原告建行山西分行对被告欣如置业公司的诉讼请求；

七、驳回原告建行山西分行的其他诉讼请求。

建行山西分行对该判决不服，向山西省高级人民法院提起上诉。

山西省高级人民法院经审理认为：本案争议焦点为欣如置业公司《承诺函》的效力及性质问题。欣如置业公司主张《承诺函》为附生效条件的承诺函件，所附条件未成就，承诺事项未成立及无效。附条件的合同，是指当事人在合同中特别约定一定的条件，以条件的是否成就来决定合同效力的发生或消灭的合同。《中华人民共和国合同法》第四十五条规定，当事人对合同的效力可以约定附条件，附生效条件的合同，自条件成就时生效。首先，该条件应当是将来不确定发生的事实，条件必须合法且由当事人协议确定，并且不得与合同的主要内容相矛盾。其次，合同义务不能成为条件。合同义务是对当事人有约束力、当事人应依约履行的，而条件是否能够成就是不确定的，当事人不负有使条件成就的义务。在本案中，第一，双方在《承诺函》中没有约定以取得房产证和分割后的土地证作为承诺生效的前提条件。第二，取得房产证和分割后的土地证是办理抵押登记的前提，是履行抵押合同的义务。因此，办理房产证及分割的土地证的相关事宜是欣如置业公司的合同义务，该合同义务是明确的、确定的，房产证及土地证分割能否成就属于履行该合同义务的结果不确定，并非合同义务的不确定。合同义务不能成为条件，对欣如置业公司关于《承诺函》属附生效条件的合同的理由不予支持。欣如置业公司向建行山西分行出具的《承诺函》明确载明“我公司承诺：1. 积极推动房产证办理及土地证分割的相关事宜；2. 在该项目取得房产证以及分割后的土地证后，我公司 20 个工作日内将向贵行抵押该项目西裙楼第三层房产（房号为 30××、30××、30××、30××，建筑面积约为 2295.73 平方米，目前预评估总价为 5204.19 万元）及相应的土地。为山西贝瑞精密工业股份有限公司在贵行的进出口贸易额度 4000 万元整提供抵押担保”，欣如置业公司承诺以其房屋提供抵押担保，其抵押担保的意思表示明确，应予以确认。《中华人民共和国物权法》第十五条规定“当事人之间订立有关设立、变更、转让和消灭不动产物权的合同，除法律另有规定或者合同另有约定外，自合同成立时生效；未办理物权登记的，不影响合同效力”，欣如置业公司《承诺函》意思表示真实，且不符合《中华人民共和国合同法》第五十二条规定的合同无效的情形，应认定为合同有效。欣如置业公司提供抵押担保的房产未办理抵押登记，应认定为抵押权未设立，建行山西分行对抵押物不享有抵押权，不能就抵押的房产主张优先受偿，但欣如置业公司应在抵押财产价值范围内对债务承担连带清偿责任。综上，对建行山西分行的上诉理由应予支持。依照《中华人民共和国民事诉讼法》第一百七十条第一款第二项之规定，判决如下：

一、维持太原市中级人民法院（2016）晋 01 民初 889 号民事判决第一项、第二项、第三项、第四项、第五项、第七项；

二、撤销太原市中级人民法院（2016）晋 01 民初 889 号民事判决第六项；

三、欣如置业公司在其抵押的太原市晋阳街兴业大厦西裙楼第三层3001、3002、3003、3004号房屋的财产价值4000万元范围内承担连带清偿责任。欣如置业公司在承担担保责任后，有权向贝瑞公司追偿。

【法官后语】

在我国司法实践中出现的“承诺函”，往往是在借款担保等民商事案件中，当事人为了达到规避订立担保协议所需的审批程序而采用的一种非格式化的函件形式。当交易活动正常的情形下，“承诺函”体现出高效、便利的优越性。尤其是在国有企业或者国有控股企业的经营活动中，因对外担保一般都需要履行较为严格的审批程序和风险评估，为达到在较短时间内完成担保的目的，即采用直接向出借人发放具有担保内容的“承诺函”的方式进行。同时，为实现贷款收益，很多作为出借人的商业银行也有配合“承诺函”，完成借款行为的利益冲动。但是，当交易活动异常，在借款人无法按期还本付息的情形下，“承诺函”高效、便利的“优越性”就转化为商业风险和法律责任，本案中的《承诺函》即如此。

对于审判工作中出现“承诺函”，可以尝试从以下几个方面进行审查：

首先，审查“承诺函”作出后，各方是否达成了意思表示的一致。仅从形式上来看，“承诺函”系单方作出的意思表示，是否形成协议各方的合意，不能直接判断，还需结合相关要素综合进行判断。对此，我们倾向性地认为，因提供担保系对自身法律义务的设定、对相对方法律权利的赋予，基于意思自治的私法原则，应作有利于权利接受方的解释，即不明示反对即为接受。在本案中，发出“承诺函”后，借款人接受该函件的行为即从行为上推定出双方已达成合意，“承诺函”成立并生效，形成了约束协议双方的合同效力。

其次，审查“承诺函”的作出，是否维护了各方利益的衡平。以本案为例，欣如置业公司向建行山西分行出具的《承诺函》的内容明确体现出提供担保的意思，抵押担保的意思表示明确。但其在诉讼中以《承诺函》为附生效条件的承诺函件，因所附条件未成就，承诺事项未成立及无效为由，意图推翻其提供担保的意思表示。此种抗辩，虽在形式上有一定逻辑性，但如果按照此种解释，各方利益将实质上失衡，丧失公平性。在借款合同履行完成的情形下，欣如置业公司出具的《承诺函》将被认为是有效的担保协议，其已履行了担保义务，同时，其将享有提供担保所带来的收益。在借款合同未能到期完成的情形下，欣如置业公司出具的《承诺函》不认为是有效的担保协议，其不需履行担保义务，自然也不承担责任。所以我们应通过对“承诺函”进行利益衡量，破解僵化适用形式逻辑而产生的谬误，将各方的权益在公平的基础上进行规范。

最后，在审判实践中，“承诺函”的出具主体也会出现法定不能对外提供担保的一些分支机构甚至政府机关等。因此类“承诺函”违反强制性法律规定，应被认定为无效。但需要强调的是，我们不仅应关注和认定此类担保主体存在过错的问题，也需对出借人是否知晓、是否存在过错作出分析认定，客观、全面地审理此类案件。

编写人：山西省高级人民法院　陈赟

6

混合共同担保中担保权实现顺序的认定

——河南汴京农村商业银行股份有限公司诉付某国等借款合同案

【案件基本信息】

1. 裁判书字号

河南省开封市中级人民法院（2018）豫02民终675号民事判决书

2. 案由：借款合同纠纷

3. 当事人

原告（上诉人）：河南汴京农村商业银行股份有限公司（以下简称汴京银行）

被告（被上诉人）：付某国、付某民、开封隆昌粮食储备有限公司（以下简称隆昌公司）

【基本案情】

2016年7月15日，汴京银行与隆昌公司签订了一份借款合同，约定汴京银行向隆昌公司提供借款1200万元，同日，付某民、付某国与汴京银行签订了一份保证合同并出具了两份担保承诺书，保证合同约定付某国、付某民为隆昌公司的上述债务提供连带责任保证，并约定债权人可以就要求保证人或者抵押人承担担保责任进行选择。同日，付某国与汴京银行另签订了一份抵押合同，约定付某国将其有权处分的林地使用权及拥有所有权的林木为隆昌公司的上述债务提供抵押担保，并办理了抵押登记手续。上述合同签订后，汴京银行如期发放贷款，后隆昌公司未能按期偿还借款本息。汴京银行诉至法院，要求隆昌公司偿还借款本息，付某国、付某民对上述债务承担连带清偿责任，并对付某国抵押的林地使用权及林木拍卖，就变卖所得隆昌公司在借款本息范围内享有优先受偿权。付某国、付某民辩称，应当依法对抵押物进行拍卖，不足部分才由保证人承担保证责任。

【案件焦点】

付某国、付某民应对全部债务承担连带责任还是仅对抵押物进行拍卖，不足部分承担连带责任。

【法院裁判要旨】

河南省开封市金明区人民法院经审理认为：汴京银行与隆昌公司签订的借款合同系双方真实意思表示，汴京银行履行了出借义务，隆昌公司应按约定履行其还款义务。付某国就其所有的林木所有权及林地使用权为上述债权设立了抵押担保，故汴京银行对上述抵押财产主张优先受偿权的请求，法院予以支持。付某国、付某民与汴京银行签订了保证合同，愿意为隆昌公司的上述债务承担连带担保责任，上述约定不违反法律的规定，合法有效，故对汴京银行要求付某国、付某民承担连带担保责任的诉求，予以支持，但因为在隆昌公司的同一债权上既有物的担保又有保证，保证人应当对物的担保以外的债权承担保证责任。汴京银行主张的律师费在双方约定的为实现债权发生的费用之内，予以支持。依据《中华人民共和国合同法》第四十四条、第六十条、第一百零七条、第一百九十六条，《中华人民共和国担保法》第十二条、第十八条、第二十一条、第二十八条，《中华人民共和国物权法》第一百八十条，《中华人民共和国民事诉讼法》第六十四条、第一百四十四条之规定，判决如下：

一、隆昌公司于本判决生效之日起十日内偿还汴京银行借款200000元及利息(2017年5月22日至2017年7月19日按照月息8.45‰计算；自2017年7月20日至隆昌公司还清借款本息之日止按照月息 12.575‰计算）；

二、隆昌公司于本判决生效之日起十日内给付汴京银行律师服务费 150000 元；

三、若隆昌公司到期不能履行上述义务，汴京银行对开林证字（2014）第 0001 号、开林证字（2016）第 002 号的林木所有权及林地使用权享有抵押权，对其折价款或者拍卖、变卖的价款在上述一、二项债权范围内享有优先受偿权；

四、付某民、付某国对隆昌公司的上述一、二项确定的义务在汴京银行行使上述第三项抵押权后不获清偿的部分承担连带清偿责任；

五、付某国、付某民在承担保证或者抵押责任后，有权向隆昌公司追偿；

六、驳回汴京银行的其他诉讼请求。

汴京银行不服，提起上诉。河南省开封市中级人民法院经审理认为：根据《中华人民共和国物权法》第一百七十六条、第一百七十八条之规定，结合本案，付某国、付某民既是隆昌公司的债务保证人，付某国又以林木所有权及林地使用权作抵押，汴京银行可以要求付某国、付某民承担连带责任，也可以要求付某国以其物保财产实现债权。而汴京银行要求对付某国所抵押的林地使用权及林木拍卖，变卖所得在借款本息内优先受偿，已经行使了对于第三人物保和人保的选择权。故而，付某国、付某民对汴京银行行使抵押权后不获清偿的部分承担连带责任。依照《中华人民共和国民事诉讼法》第一百七十条第一款第一项之规定，判决如下：

驳回上诉，维持原判。

【法官后语】

“债权人应当按照约定实现债权”中的“约定”应指对人的担保与物的担保二者之间责任顺序和责任范围的约定。在无约定或约定不明的情况下，保证人对于物上保证人并无顺序利益。

一、混合共同担保中债权人实现其债权的选择权

在混合担保中担保权实现的问题上，我国现行法律规定经历了逐步丰富和完善的演变过程。《中华人民共和国担保法》第二十八条凸显了保证人绝对优待的立法态度，其仅对物的担保以外的债权额承担保证责任。《最高人民法院关于适用〈中华人民共和国担保法〉若干问题的解释》（以下简称《担保法解释》）第三十八条第一款则有所改变，明确区分债务人提供物保和第三人提供物保的情形，对于前者

之场合采取“保证人绝对优待主义”，绝对限制债权人的选择权；对于后者之场合采取“平等主义”模式，承认债权人的选择权。《中华人民共和国物权法》（以下简称《物权法》）第一百七十六条基本沿袭《担保法解释》第三十八条第一款的模式，区分债务人物保和第三人物保的情形，并在混合担保问题上融入了意思自治，既明确债权人可以通过合同约定行使各项担保权益，又明确当事人约定的权利行使方式优于法律规定的次序。

具体到本案，争议的焦点之一就是《保证合同》中债权人可以就要求保证人或者抵押人承担保证责任进行选择的约定，是否属于《物权法》第一百七十六条规定的“债权人应当按照约定实现债权”的情形？这里有以下两个问题需要明确：

（一）“约定”针对的什么

“债权人应当按照约定实现债权”，这里的约定旨在确定或者限制人保与物保并存时债权人的选择权，其内容应仅限于对人保与物保二者之间的责任顺序和责任范围的约定。

最高人民法院在“中国农业发展银行乾安县支行与江苏索普（集团）有限公司、上海儒仕实业有限公司保证合同纠纷上诉案”① 中认为，“债权人应当按照约定实现债权”中的“约定”是指“实现担保物权的情形”的约定，即仅在当事人对于实现担保物权有明确约定的情形下，债权人才应当按照该约定实现债权。这一观点将《物权法》第一百七十六条“债务人不履行到期债务或者发生当事人约定的实现担保物权的情形”中“约定”直接套入同条后段，即成了“债权人应当按照约定实现债权”。在保证合同中不可能约定“实现担保物权的情形”的情况下，直接导致物的担保合同中如约定了“实现担保物权的情形”时物上保证人即应优先承担担保责任的结果。这样一来，《物权法》第一百七十六条规定，在当事人没有约定或约定不明时，第三人物保和人保平等的规则失去意义。

最高人民法院在该案中对于该“约定”的理解值得商榷。全国人大法工委编制的《中华人民共和国物权法释义》中认为第一百七十六规定中“债权人应当按照约定实现债权”中的约定是实现债权的约定，即在当事人对于物的担保和人的担保

---

① 最高人民法院（2016）民终字40号民事判决书。

的关系有约定的情况下，应尊重当事人的意思自治，按约定实现。[①] 此条文的大前提应当是“人保物保并存的情况下，债务人不履行到期债务或者发生当事人约定的实现担保物权的情形”，只有在此前提下，才有实现债权的三种方式，即有实现债权的约定的，从约定；无约定或者约定不明的，有债务人自己之物的担保，物的担保优先；无约定或者约定不明的，也没有债务人自己之物的担保，那么债权人可以选择第三人之物的担保实现债权，或者要求保证人承担担保责任以实现债权。如果将条文中的四个约定统一理解为对于实现担保物权的约定，那么即使被担保的债权既有物的担保，又有人的担保，但是仅在对于物的担保情形有约定的情况下，才从其约定，只要有物的担保有约定，就应当物保优先。那么正如前述所说，此条文对于物保人保实现顺序的规定就失去了意义。这也与第一百七十六条加入当事人意思自治的立法原意相悖。故而，“债权人应当按照约定实现债权”的“约定”应理解为人的担保与物的担保二者之间的责任顺序和责任范围的约定。

（二）“约定”明确到什么程度

在《物权法》第一百七十六条的语义之下，只有在就人的担保与物的担保之间的责任顺序或责任分担范围约定明确的情形下，债权人才能依该约定实现债权。实践中，对于约定明确程度的认定，争议较大。

一种观点认为，如果该约定确定了本案债权在人的担保和物的担保并存情况下，担保权实现的规则，已足以达到认定明确的程度；另一种观点认为，如果没有明确表明是物保优先还是人的担保优先，应属法律规定的约定不明的情形。正如前文所述，“债权人应该按照约定实现债权”的“约定”目的在于确定或者限制物的担保与人的担保并存时债权人的选择权，当事人之间约定的内容需要达到这一程度方可认为其约定明确。因此，“约定明确”应是对担保债权实现顺序的明确约定，表明是物的担保优先还是人的保证优先。而本案汴京银行与付某国、付某民签订的《保证合同》仅约定了债权人可以就要求保证人或者抵押人承担担保责任进行选择，并未明确担保权的实现顺序，应属约定不明的情形。但本案较为特殊，抵押人亦是保证人之一，根据《物权法》第一百七十六条的规定，在约定不明且无债务人

① 参见全国人民代表大会常务委员会法制工作委员会编：《中华人民共和国物权法释义》，法律出版社2007年版，第380~381页。

提供物保的情况下，债权人可以要求就第三人物保实现债权，也可以要求保证人承担连带责任。即在本案中，汴京银行依然可以要求保证人承担连带责任，也可以要求抵押人就其物保财产实现债权，但这一选择权并非是由于当事人的约定，而是根据法定情形而来。

二、保证人对物上保证人是否享有顺序利益

根据《物权法》第一百七十六条的规定，除非另有约定，保证人对于物上保证人并无顺序利益。保证人仅在当事人就实现债权的顺序、分担范围未作约定或约定不明确的情形下，针对提供物保的债务人享有顺序利益。相关的裁判案例大多采纳了这一观点。①

但最高人民法院在“中国长城资产管理公司贵阳办事处与六支特区佳顺焦化有限公司、贵州路鑫喜义矿股份有限公司等债权转让合同纠纷、保证合同纠纷上诉案”中认为，首先债权人应就债务人提供的物的担保实现债权，其次就第三人提供的物的担保实现债权，仍未获足额清偿的，才向保证人主张债权。这一判决承认了保证人对于物上保证人的顺序利益。并在“中国农业发展银行乾安县支行与江苏索普（集团）有限公司、上海儒仕实业有限公司保证合同纠纷上诉案”中进一步解释道：“《物权法》显然对《担保法》物保绝对优先的原则进行了修正，但这并不意味着《物权法》即抛弃了物保相对优先的基本精神。”

根据《物权法》第一百七十八条之规定，在《物权法》实施之后，《担保法》第二十八条自无适用的空间。据此，在就债权的实现未作约定或者约定不明确的情形下，债权人应先就债务人自己提供的物的担保实现债权，就其未受清偿的部分，债权人既可以向物上保证人主张权利，也可以向保证人主张权利。在这里，债权人即便放弃第三人物保时，其他担保人亦不得主张相应免除担保责任。此时物上保证人与保证人处于平等地位，都不是最终的债务承担者。债权人无论是先实现物的担保还是先实现人的担保，物上保证人或者保证人都存在向债务人求偿的问题。为保障债权人的债权得以充分实现，法律应当尊重债权人的意愿，允许债权人在这种情

---

① 例如，“北京银行股份有限公司南昌分行与施志诚、景德镇市人杰经贸有限公司等借款合同纠纷上诉案”，江西省高级人民法院（2015）赣民二终字第78号民事判决书；“重庆银行股份有限公司贵阳分行与贵州鑫贵成矿业有限公司、贵州天泰能源开发有限公司威宁县锅泥沟煤矿等金融借款合同纠纷案”，贵州省高级人民法院（2013）黔高民商初字第5号民事判决书。

况下享有选择权。

结合本案，付某国、付某民既是隆昌公司债务的保证人，付某国又以林地使用权及林木所有权作抵押，汴京银行可以要求付某国、付某民承担连带责任，也可以要求付某国以其物保财产实现债权。而汴京银行要求对付某国所抵押林地使用权及林木拍卖，变卖所得在借款本息范围内优先受偿的行为，已经行使了其对于第三人物保和人保的选择权。因此，付某国、付某民对汴京银行行使抵押权后未获清偿的部分承担连带责任。这并不意味着，在无约定或约定不明的情况下，保证人对物上保证人享有顺序利益、第三人物保应优先承担担保责任，而是由于本案中债权人主张对抵押物拍卖、优先受偿，在事实上已行使了其选择的权利。

编写人：河南省开封市中级人民法院　周锐丽

7

金融借款合同约定利率调高条款应适用不利起草者规则解释

——渣打银行（中国）有限公司成都分行诉成都子牛机械销售有限公司等金融借款合同案

【案件基本信息】

1. 裁判书字号

四川省成都市锦江区人民法院（2018）川 0104 民初 3123 号民事判决书

2. 案由：金融借款合同纠纷

3. 当事人

原告：渣打银行（中国）有限公司成都分行（以下简称渣打银行成都分行）

被告：成都子牛机械销售有限公司（以下简称子牛公司）、李某华、成某

【基本案情】

2015年11月27日，子牛公司依渣打银行成都分行中小企业无抵押小额贷款条款和条件提出贷款申请，该条款和条件约定发生未按时足额归还贷款本金、利息、费用，未按约定用途使用贷款等违约事件时，银行有权宣布全部贷款立即提前到期并扣收本金、利息、罚息、费用，参照逾期罚息率或挪用罚息率计收罚息，单方面全权决定对贷款利率进行调整而无须事先征得借款人同意。

2015年12月17日，双方签署贷款确认函，首页载明贷款金额230000元，期限36个月，月利率1.75%，每月按8665.27元等额本息还款及逾期还款罚息率、挪用贷款罚息率、其他违约罚息率，第二页末段约定“如借款人未能在提款后三个月内根据本行要求提交贷款资金支付情况的汇总报告，及令本行满意的与贷款用途相匹配的任何与本次支付有关的发票、商务合同、支付凭证及或本行认可的其他证明材料，将被视为重大违约行为之一，本行有权采取包括但不限于取消剩余贷款，调高贷款利率，调整贷款风险分类，宣布贷款立即到期在内的任何措施”。

2015年12月31日，渣打银行成都分行发放贷款。借款后，子牛公司未按期足额履行分期还款义务。渣打银行成都分行以子牛公司逾期和未提交贷款资金支付情况汇总报告，已向其发送电子邮件通知子牛公司从未提交贷款资金用途证明文件为由，按违约罚息利率单方调整分期还款额度为9812.38元扣收还款。后渣打银行向子牛公司邮寄了提前到期律师函，并依中小企业无抵押小额贷款条款和条件及贷款确认函提起诉讼，要求子牛公司一次性偿还借款和支付利息、罚息（利息、罚息按月利率2.625%计算），李某华、成某承担保证责任。子牛公司、李某华、成某否认收到过电子邮件，对渣打银行成都分行调整扣款额度提出异议，认为利率过高，不同意上述计息方法。

【案件焦点】

1. 渣打银行成都分行以子牛公司未提交贷款资金用途证明文件为由，单方调高利率和分期额度扣收还款是否成立；2. 渣打银行成都分行计息利率主张是否成立。

【法院裁判要旨】

四川省成都市锦江区人民法院经审理认为：渣打银行成都分行以借款人逾期还

款依律师函宣布贷款提前到期成立。但贷款确认函约定未提交资金支付汇总报告调高贷款利率为格式条款的限定条件不明确，又与其他违约罚息率未注明引用关系。该条款属于格式条款，按对起草者不利解释规则，应解释不能适用其他违约罚息率。渣打银行成都分行也未能证明子牛公司收到调高利率通知并同意接受，其单方面调高贷款利率和还款额度扣款不成立。对民间借贷利率24%范围的限定以高于金融借款利率水平为基础，金融借款也应受此利率限制。

四川省成都市锦江区人民法院依照《中华人民共和国合同法》第四十一条、第七十八条、第一百零七条、第二百零五条、第二百零六条、第二百零七条，《中华人民共和国担保法》第十八条、第三十一条和《最高人民法院关于审理民间借贷案件适用法律若干问题的规定》第二十六条之规定，判决如下：

一、子牛公司向渣打银行成都分行返还借款本金138524.74元和支付利息、罚息（按年利率24%为限计算）；

二、子牛公司向渣打银行赔付律师费支出10000元；

三、成某、李某华承担连带保证清偿责任并有权向子牛公司追偿；

四、驳回渣打银行成都分行的其他诉讼请求。

宣判后，双方当事人均未上诉，一审判决已发生法律效力。

【法官后语】

由金融借款合同引起金融机构与借款人利益冲突时，应当在坚持依法平等保护原则的基础上，注意根据金融借款合同纠纷的发生特点，正确把握合同法、消费者权益保护法及金融法规定和相互关系，准确解释适用法律规定和合同条款。金融机构在与借款人的关系中，总体上处于交易经验专业、丰富和控制金融资源的优势地位，为充分避免交易风险和最大程度保护本方利益，金融借款合同由金融机构起草和提供冗长、标准化、格式化文本。在对借款人不利和课以责任的条款，应适用格式条款的解释规则，对表述不确定、不完全列举的表达，依不利于起草者规则，限定对借款人的适用范围和条件。鉴于此，本案合同文本对借款人报告资金使用用途的条件采不确定表述，并且与不周延的口袋条款即其他罚息率适用条件分属不同条款，又未标明引用关系，在此情形下不能当然地适用其他违约罚息率。银行单方调高利率和分期额度扣收还款依据不足并损害了借款人利益，故法院按原利率和额度核算抵充已还款中本金、利息、罚息组成后作出相应判决。

此外，本案对金融借款利率过高按年利率24%调整，亦符合《最高人民法院关于审理民间借贷案件适用法律若干问题的规定》对利率调整的立法目的和举重以明轻的比例规则。

编写人：四川省成都市锦江区人民法院　张真伟

8

名义借款人是否负有还款责任

——河北建设集团股份有限公司北京九分公司诉段某峰、陈某借贷合同案

【案件基本信息】

1. 裁判书字号

北京市顺义区人民法院（2018）京03民初9649号民事判决书

2. 案由：借贷合同纠纷

3. 当事人

原告：河北建设集团股份有限公司北京九分公司（以下简称九分公司）

被告：段某峰

被告：陈某

【基本案情】

2017年1月11日，九分公司作为甲方与段某峰作为乙方签订《借款合同》，约定乙方向甲方借款10万元，借款期限为半年，自2017年1月11日起至2017年6月10日止。2017年1月12日，九分公司作为甲方与段某峰作为乙方签订《借款合同》，约定乙方向甲方借款10万元，借款期限为半年，自2017年1月12日起至2017年6月11日止。2017年1月11日，段某峰在九分公司的第一份付款通知单上的领款人处签名，该通知单载明的付款事由为付王佐项目段某峰借款，金额10万

元。2017 年 1 月 12 日，段某峰在九分公司的第二份付款通知单上的领款人处签名，该通知单载明的付款事由为付王佐项目段某峰（陈某）借款，并注明了陈某的工行卡号，金额为 10 万元。九分公司提交的银行回单显示，2017 年 1 月 12 日，宗某刚将 10 万元款项汇至陈某的工行账号，该账号与 2017 年 1 月 12 日的付款通知单载明的陈某账号一致。2017 年 1 月 17 日，段某峰在工商银行转账支票存根上的收款人处签名，并载明用途为借款。

九分公司提交其工作人员杨某青、赵某强与陈某的短信往来记录。2017 年 1 月 11 日，陈某发送短信给杨某青，称“一个叫段某峰的人去拿支票了。一个小时到”。当日杨某青将支票的支付密码发送给陈某，并告知陈某“支票您派来的人已拿走，填上密码就可以了”。6 月 20 日，九分公司的工作人员赵某强发短信催促陈某还款，称“上次你来了 80 万元，我没有催你，这是信任，不是我不够意思，公司也不是我私人的，我也要给大家一个交代，你可以问一下你上次来拿支票的哥们儿，我们这里财务制度是非常正规的。20 万元也不多，你说用到年前，现在 6 月啦……”收件人显示为陈某的人回复“我一个月时间给你凑出来”。

段某峰陈述，陈某是其老板，陈某派他去九分公司处拿钱，而九分公司要求谁去拿钱谁就要在合同上签字，因为当时和陈某的私人关系不错，所以直接在合同上签了自己的名字。实际收款人是陈某，其只是代陈某去拿支票，代签合同。

庭审中，段某峰当庭拨打陈某电话，陈某承认其是实际借款人，实际使用了该借款。

【案件焦点】

名义借款人是否负有偿还借款的责任。

【法院裁判要旨】

北京市顺义区人民法院经审理认为：九分公司提交的其工作人员与陈某的短信记录均能证实，陈某明确告知过九分公司，段某峰是代陈某领取支票的人员，九分公司也知晓段某峰是来拿支票的人员。且九分公司的工作人员杨某青将 10 万元支票的密码告知陈某，第二笔 10 万元借款的付款通知书载明的付款事由是付段某峰（陈某）借款，并实际将款项打入陈某的银行账户。借款出现逾期后，九分公司的工作人员也多次、明确地向陈某主张还款。陈某亦承认其是实际借款人和实际用款人。综上，可以确认涉案款项的实际借款人是陈某，九分公司与陈某之间的借贷关系成立，陈某应当按照约定归还借款。九分公司主张其与段某峰之间成立借贷关系，要求段某峰承担还款义务，但是综合全案证据，可以证实九分公司与段某峰并未就借款达成一致的、真实的意思表示，没有将款项实际出借给段某峰，九分公司亦无证据证明段某峰系债务加入，故法院对九分公司的该项主张不予支持。

北京市顺义区人民法院依照《中华人民共和国合同法》第二百零六条，《最高人民法院关于审理民间借贷案件适用法律若干问题的规定》第三十条，《中华人民共和国民事诉讼法》第一百四十四条之规定，判决如下：

一、被告陈某返还原告九分公司借款20万元并支付违约金；

二、驳回原告九分公司的其他诉讼请求。

一审判决作出后，双方均未上诉，判决现已生效。

【法官后语】

在部分民间借贷纠纷案件中，被告辩称其虽然在借条或者借款合同上签字，但本人并非实际借款人，而是替他人借款，此时名义借款人是否具有还款责任呢？在司法实践中，对该问题的处理存在争议。

第一种观点认为，名义借款人应当承担还款责任。首先，名义借款人和出借人之间的借款协议是真实合法有效的，尽管名义借款人同意签字且存在种种隐情，但这并不妨碍借款协议的效力，双方之间形成了借贷关系。其次，根据合同相对性原则，应当由名义借款人还款，名义借款人实际偿还借款后可以再向实际借款人追偿。

第二种观点认为，实际借款人应当承担还款责任。当名义上的法律关系和实际法律关系不符合时，应当以实际法律关系为准，探究双方当事人的真实意思表示。名义借款人只是借出自己的名字，并未真实使用和收到借款，如果让其承担还款义务，有失公平。实际借款人是实际的受益者，理应承担还款义务。

第三种观点认为，名义借款人和实际借款人应当承担连带还款责任。名义借款人在借款协议上签字，应当预见相应的法律后果，出借人对此有信赖利益。实际借款人作为受益人，自然应当承担还款义务。从保护出借人利益的角度考虑，应当由名义借款人和实际借款人承担连带还款责任。

笔者认为，应当结合个案的具体案情来综合判断。如果出借人在签订借款协议时不知道实际借款人的存在，认为名义借款人就是实际借款人，事后也向名义借款人催款，那么此时应当注重保护出借人的信赖利益，由名义借款人承担还款责任。如果出借人在签订借款协议时就知道实际借款人的存在，仍然与名义借款人签订借款协议，事后也向实际借款人催款，可以确认出借人的真实意思表示是与实际借款人建立借贷关系，此时判决由实际借款人承担还款责任更加公平和适宜。本案就符合第二种情形。从出借人自己提交的证据看，出借款项时明知陈某是实际借款人，段某峰是陈某派去取支票的人，并将支票密码发送给陈某，或者将款项直接打到陈某的银行账户，事后也多次找陈某催款，且陈某明确认可其是实际借款人，实际收到和使用借款。出借人九分公司与陈某之间存在明显的借贷关系。尽管九分公司与段某峰签订了形式完备的借款协议，但从本案审理的情况看，双方签订借款协议并未就借贷达成了真实、一致的意思表示，九分公司并不是出于信赖段某峰而把款项出借给段某峰——而是因为信任段某峰背后的实际借款人陈某，段某峰也无意从九分公司处借款，这样做仅是为了满足九分公司的财务制度要求。另外，段某峰明确拒绝偿还借款，没有债务加入的意思表示，因此，不宜判决段某峰承担连带还款责任。

尽管本案最终没有判决名义借款人承担还款责任，但替人签名借款风险极大，如果不是本案原告九分公司自己提交的证据中包含对名义借款人有利的证据，且实际借款人明确认可借款事实，在名义借款人也无法举出充足证据的情况下，仍然难以免除还款责任。因此，在借款协议上签字时必须慎之又慎，避免不必要的麻烦和纠纷。

编写人：北京市顺义区人民法院　谢彩凤

9

公告方式主张权利产生中断诉讼时效效力的特别情形

——中国农业银行股份有限公司宁安市支行诉牡丹江天宝房地产开发有限公司、宁安市供销综合商场金融借款合同案

【案件基本信息】

1. 裁判书字号

黑龙江省牡丹江市中级人民法院（2018）黑10民再22号民事判决书

2. 案由：金融借款合同纠纷

3. 当事人

原告（被上诉人、再审被申请人）：中国农业银行股份有限公司宁安市支行（以下简称农行宁安支行）

被告（上诉人、再审申请人）：牡丹江天宝房地产开发有限公司（以下简称天宝公司）

被告（被上诉人、再审被申请人）：宁安市供销综合商场（以下简称供销商场）

【基本案情】

2005年5月17日，农行宁安支行与天宝公司、供销商场签订宁安市供销综合商场招商引资开发动迁协议书，协议中约定供销商场欠银行贷款200万元由天宝公司负责偿还，供销商场负连带偿还责任，二被告用1000平方米营业面积抵押，待贷款还清后，该抵押物方可出售或使用。抵押物未办理抵押登记手续。2005年10月10日，天宝公司（甲方）与农行宁安支行（乙方）就欠农行宁安支行182万元达成协议如下：甲方用位于××路上的××大厦（原综合商场）门市房分期付款82万元于2005年10月20日偿还给乙方，尾欠款100万元用北街门市房价值200万元质押给乙方，直至偿还全部欠款；此协议是2005年5月17日协议书的补充协

议。2006 年中国人民银行同期贷款年利率为6.48%。农行宁安支行于2011 年11 月8 日和2013 年7 月19 日两次针对被剥离的不良资产161.9 万元在《黑龙江法制报》刊登向供销商场催收公告。庭审中，农行宁安支行与天宝公司达成一致，虽然借款凭证上体现的是至2005 年6 月30 日止，天宝公司尚欠农行宁安支行贷款数额为161.9 万元，但该时间可延至2005 年12 月31 日，即如果计算利息，双方同意从该日期起算。

【案件焦点】

国有银行向金融资产公司转让债权时在全国或者省级有影响的报纸上发布的催收公告或通知，该公告或通知是否可以作为诉讼时效中断证据，以及是否需要以债务人方下落不明为前提。

【法院裁判要旨】

黑龙江省宁安市人民法院经审理认为：原告农行宁安支行与被告天宝公司、供销商场于2005 年5 月17 日签订的宁安市供销综合商场招商引资开发动迁协议，是双方当事人的真实意思表示，且不违反法律法规的禁止性规定，该合同依法成立并有效，对双方当事人均具有法律约束力。

原告与被告天宝公司认可161.9 万元的债务数额是截至2005 年年末进行重新结算后的数额，虽没有约定利率，但根据该借款性质，被告理应支付利息。利息起算时间应从2006 年1 月1 日起按银行同期贷款利率计算利息。利息截至2015 年6 月12 日为99.98 万元。原告起诉时主张从2001 年1 月1 日起，按合同约定利率及罚息标准计算利息，因2005 年5 月17 日原告与二被告就债务承担重新达成协议，协议中并未约定利率标准且原告在庭审中表示至2005 年年末贷款本金为161.9 万元，被告天宝公司也予以认可，故原告主张的利息起算时间不予支持；因原、被告未在合同中约定罚息，对于原告的罚息请求，不应予以支持。

根据原、被告三方在2005 年5 月17 日协议中约定，被告供销商场的贷款虽然约定由被告天宝公司偿还，但同时约定被告供销商场承担连带偿还责任，即被告供销商场没有脱离债的关系，没有免除债的责任，二被告是并存的债务承担。虽然，原告与被告天宝公司在三方签订协议后于2005 年10 月10 日单独就如何还款签订补充协议时，被告供销商场不知情，但该协议内容并未否定2005 年5 月17 日的协议内容，该协议内容只是对原协议内容的补充，原协议仍然有效。因此，被告供销商场应按原告与二被告签订的三方协议内容承担连带给付责任。被告供销商场辩解其不承担连带责任的主张不予采纳。

被告天宝公司辩称原告诉请已超过诉讼时效，被告供销商场承认原告一直向其主张权利的事实，因该债务系连带债务，原告向连带债务人之一主张权利，视为向连带债务人全部主张权利，原告的诉讼请求并未超过诉讼时效。

黑龙江省宁安市人民法院依照《中华人民共和国合同法》第二百零六条、第二百零七条之规定，判决如下：

一、被告天宝公司于本判决发生法律效力之日立即给付原告农行宁安支行贷款本金161.9万元、利息99.98万元（2006年1月1日至2015年6月12日），合计261.88万元，2015年6月12日以后的利息按照6.48%的年利率标准计算至本判决确定的履行期内实际给付之日止；

二、被告供销商场承担连带给付责任；

三、驳回原告农行宁安支行的其他诉讼请求。

天宝公司对上述判决不服提起上诉。黑龙江省牡丹江市中级人民法院经审理认为：关于161.9万元是尚未偿还的借款本金还是借款本息的问题。2005年协议书约定，“甲方（宁安市供销综合商场）所欠银行贷款200万元，由乙方（牡丹江市天宝房地产开发有限公司）负责偿还”。从时间上看，因2005年协议书后于2002年协议书，上诉人作为2005年协议书当事人，应当按照其签订的协议履行相应义务。即使上诉人、被上诉人宁安农行均指出2005年所签协议来源于2002年协议书，因上诉人不是2002年协议书当事人，其不具有对2002年协议书内容的解释权。又被上诉人供销商场作为2002年、2005年协议书当事人，自认2005年协议书约定的200万元为贷款本金。因此，本案161.9万元应当认定为借款本金。

关于原审判决认定利息是否准确的问题。从本案协议签订的背景来看，上诉人、被上诉人宁安农行均指出2005年协议书债务源自被上诉人供销商场所欠农行贷款，该银行贷款为有息借款，因此该债务包含贷款的本金及利息。根据本案协议内容及性质，本案法律关系为金融借款合同关系，本案协议系有偿合同，债务人除应偿还贷款本金，还应偿还贷款利息。上诉人作为本案连带债务人，应当偿还银行贷款的本金及利息。上诉人认可还款时间截至2005年年末，在协议中虽未约定利率，依据该笔债务的性质，原审按照同期同类银行贷款利率计算上诉人自2006年1月1日以后应当承担的利息数额，并无不当。

关于本案是否超过诉讼时效期间的问题。被上诉人供销商场在原审已经认可被上诉人宁安农行一直向其追偿本案债务，根据《最高人民法院关于审理民事案件适用诉讼时效制度若干问题的规定》第十七条第二款的规定：“对于连带债务人中的一人发生诉讼时效中断效力的事由，应当认定对其他连带债务人也发生诉讼时效中断的效力”，上诉人、被上诉人供销商场为本案连带债务人，被上诉人宁安农行向连带债务人之一供销商场主张权利，视为向连带债务人全部主张权利，本案未超过诉讼时效期间。

黑龙江省牡丹江市中级人民法院依照《中华人民共和国民事诉讼法》第一百七十条第一款第一项、第一百七十五条的规定，判决如下：

驳回上诉，维持原判。

天宝公司仍不服，向黑龙江省高级人民法院申请再审，黑龙江省高级人民法院于2017年9月7日作出（2016）黑民申2215号民事裁定指令牡丹江市中级人民法院再审本案。黑龙江省牡丹江市中级人民法院经审理认为：关于农行宁安支行的诉讼请求是否超过诉讼时效的问题。《最高人民法院关于审理民事案件适用诉讼时效制度若干问题的规定》第十七条第二款规定：“对于连带债务人中的一人发生诉讼时效中断效力的事由，应当认定对其他连带债务人也发生诉讼时效中断的效力。”本案中，供销商场、天宝公司、农行宁安支行于2005年5月17日签订的协议约定供销商场所欠银行贷款200万元，由天宝公司负责偿还，供销商场承担连带偿还责任。供销商场作为本案连带债务人，在一审庭审中认可农行宁安支行一直向其追偿本案债务，对另一连带债务人天宝公司也发生诉讼时效中断的效力，本案未超过诉讼时效期间。另外，农行宁安支行依据《最高人民法院关于审理涉及金融资产管理公司收购、管理、处置国有银行不良贷款形成的资产的案件适用法律若干问题的规定》第十条“在全国或者省级有影响的报纸上发布的债权转让公告或通知中，有催收债务内容的，该公告或通知可以作为诉讼时效中断证据”的规定，于2011年11月8日和2013年7月19日两次针对被剥离的不良资产161.9万元在《黑龙江法制报》刊登向供销商场催收公告，进一步说明农行宁安支行没有放弃向供销商场主张权利。天宝公司以供销商场不存在联系不上、下落不明为由抗辩适用公告方式催收欠款不产生中断诉讼时效的主张，没有法律依据，法院不予支持。

关于161.9万元是否为借款本息及天宝公司是否应支付农行宁安支行利息99.98万元的问题。天宝公司主张161.9万元为借款本和息。农行宁安支行在再审时称至2005年年末农行宁安支行与天宝公司确认尚欠本息金额为161.9万元，但该数额为进行重新结算后的数额。根据《中国人民银行关于人民币贷款利率有关问题的通知》第三条的规定，对不能按时支付的利息，是可以计算复利的，农行宁安支行将161.9万元作为本金，要求天宝公司自2006年1月1日起至2015年6月12日止按照中国人民银行同期同类贷款利率计算利息为99.98万元，并不违反法律规定。天宝公司再审抗辩称给付利息99.98万元是利滚利，属于利息重复计算，没有法律依据，法院不予支持。

黑龙江省牡丹江市中级人民法院依照《中华人民共和国民事诉讼法》第二百零七条第一款、第一百七十条第一款第一项之规定，判决如下：

维持本院（2016）黑10民终366号民事判决。

【法官后语】

本案主要争议点是国有银行在全国或者省级有影响的报纸上发布有催收债务内容的债权转让公告或通知，是否可以作为诉讼时效中断证据，以及该公告或通知是否以债务人一方下落不明为前提。

根据《最高人民法院关于审理民事案件适用诉讼时效制度若干问题的规定》第十条第一款第四项的规定："当事人一方下落不明，对方当事人在国家级或者下落不明的当事人一方住所地的省级有影响的媒体上刊登具有主张权利内容的公告的，但法律和司法解释另有特别规定的，适用其规定。"该规定强调公告送达一般以当事人一方下落不明为一般原则，但法律和司法解释另有特别规定为例外，关于此特别规定只有最高法院的两个司法解释对金融资产公司收购与处置不良贷款过程中采取公告通知方式主张权利做出了特别规定。《最高人民法院关于审理涉及金融资产管理公司收购、管理、处置国有银行不良贷款形成的资产的案件适用法律若干问题的规定》第十条规定："在全国或者省级有影响的报纸上发布的债权转让公告或通知中，有催收债务内容的，该公告或通知可以作为诉讼时效中断证据"。《最高人民法院对〈关于贯彻执行最高人民法院"十二条"司法解释有关问题的函〉的答复》中规定："金融资产管理公司在全国或省级有影响力的报纸上发布的有催收内容的债权转让公告或通知所构成的诉讼时效中断，可以溯及至金融资产管理公司受让原债权银行债权之日；金融资产管理公司对已承接的债权，可以在上述报纸上发布催收公告的方式取得诉讼时效中断（主张权利）的证据。"可见，只有国有银行向金融资产公司转让债权时发布的催收公告或通知、金融资产公司接收国有银行债权时发布的催收公告或通知以及金融资产公司对已承接的债权向债务人发布的催收公告或通知，可以中断诉讼时效，除此以外，采取公告方式主张权利不能产生中断诉讼时效的效力。

编写人：黑龙江省牡丹江市中级人民法院　张晓行

10

企业间往来款项的性质认定

——河北中柯桉交通安全设备制造有限公司诉重庆浩蒲兹科技有限公司、中永国际文化艺术品（北京）有限公司企业借贷案

【案件基本信息】

1. 裁判书字号

北京市朝阳区人民法院（2018）京0105民初6633号民事判决书

2. 案由：企业借贷纠纷

3. 当事人

原告：河北中柯桉交通安全设备制造有限公司（以下简称河北中柯桉公司）

被告：重庆浩蒲兹科技有限公司（以下简称重庆浩蒲兹公司）、中永国际文化艺术品（北京）有限公司（以下简称中永国际公司）

【基本案情】

2015年5月5日，河北中柯桉公司与重庆浩蒲兹公司签订《协议一》约定，河北中柯桉公司按订单计划负责"塔式交通安全警示装置"的生产任务；重庆浩蒲

兹公司出资200万元作为项目的入股资金；双方按照河北中柯桉公司所签订的订单要求，作为结算依据，河北中柯桉公司以1元/每套，年完成500万套（税前），作为重庆浩蒲兹公司红利分配标准。河北中柯桉公司同意2015年12月31日前陆续将重庆浩蒲兹公司投入200万元及300万元红利返还重庆浩蒲兹公司，直到500万套生产结束，红利结算清为止；河北中柯桉公司负责厂房的租赁、管理、组装、外包装加工等事项，涉及费用由原告全部担负，重庆浩蒲兹公司不再另外出资；合作期满，河北中柯桉公司同意授权重庆浩蒲兹公司优先成立“塔式交通安全警示装置”外包装生产加工厂，或优先续签合作合同。此订单500万套外包装由重庆浩蒲兹公司加工生产，双方另行签订加工合同。

2015年5月6日，重庆浩蒲兹公司向原告转账200万元，12月14日，原告向重庆浩蒲兹公司还款200万元。其间，双方除上述款项往来外，未履行《协议一》所涉其他生产、加工等义务，亦未进行红利结算手续。

还款当天，河北中柯桉公司、重庆浩蒲兹公司、中永国际公司共同签订《协议二》约定，重庆浩蒲兹公司与河北中柯桉公司于2015年5月5日签订的《协议一》作废，当中涉及300万元利润转换成《协议三》约定的中永国际公司交付原告总经销合同的保证金。

同日，河北中柯桉公司、中永国际公司签订《协议三》，约定河北中柯桉公司负责塔式交通安全警示装置设备的产品质量、生产及物流；中永国际公司作为总经销，负责上述产品的销售；中永国际公司总经销押金300万元。双方还约定了与代理销售有关的各项权利义务。

此后，因河北中柯桉公司与中永国际公司在履行《协议三》的过程中出现争议，故中永国际公司将河北中柯桉公司另案诉至法院，要求河北中柯桉公司退还《协议二》及《协议三》所涉保证金/押金300万元，河北中柯桉公司认为中永国际公司并未实际支付300万元，不同意退还。为确定涉案200万元款项及300万元保证金/押金的性质，故河北中柯桉公司提出本案诉讼，要求确认河北中柯桉公司与重庆浩蒲兹公司签署的《协议一》以及河北中柯桉公司与重庆浩蒲兹公司、中永国际公司签署的《协议二》中约定的300万元利息中超过年利率36%即451726元的利息部分无效。

【案件焦点】

1. 涉案300万元红利的性质是什么，其性质是否因《协议二》《协议三》的签署而转化；2. 涉案300万元红利的效力如何认定。

【法院裁判要旨】

北京市朝阳区人民法院经审理认为：关于涉案款项性质，因涉案300万元红利来源于《协议一》，故对《协议一》性质的认定为本案定案的关键。对此，主要可以从《协议一》中资金及双方权利义务的约定与履行来综合认定。资金方面，首先，《协议一》约定原告向被告一出资，被告一依约还款并支付300万元红利，协议中虽然存在红利结算标准及依据的约定，但依据法庭查明事实可以确认，双方实际并未进行任何红利结算，具体红利数额及支付时间与《协议一》中所涉产品的生产、包装亦不存在直接关联关系，故而从资金上来看，涉案出资及红利具备出资无风险、红利固定、按期偿还的特征。其次，《协议一》中虽然存在部分关于合作加工、生产的约定，但截至原告向被告一偿还出资200万元之时，双方除资金往来外，协议中其他各项权利义务亦均未实际履行。故而综合考量合作与借贷的区别及二者的一般构成要件，法院认为本案《协议一》的签署日的实质应属“名为合作、实为借贷”之情形，《协议一》的性质应予认定为企业借贷协议，当中的200万元出资应为借款，300万元红利性质应为利息。

关于效力，依据《最高人民法院关于审理民间借贷案件适用法律若干问题的规定》约定，借贷双方约定的利率超过年利率36%，超过部分的利息约定无效。本案中，因《协议一》性质已被认定为企业借贷协议，原告据此主张超出年利率36%的金额应属无效，法院予以支持。同时，因该300万元利润的性质及效力不因《协议二》的签署而发生改变，故对于原告关于《协议二》所涉款项效力的主张亦应予支持。综上，依照《中华人民共和国合同法》第一百二十五条，《最高人民法院关于审理民间借贷案件适用法律若干问题的规定》第二十六条第二款，《最高人民法院关于适用〈中华人民共和国民事诉讼法〉的解释》第九十条之规定，判决如下：

一、确认河北中柯桉公司与重庆浩蒲兹公司于2015年5月5日签署的《关于〈塔式交通安全警示装置〉组装及外包装生产合作协议》中约定的河北中柯桉公司应向重庆浩蒲兹公司支付的300万元红利中超出451726元的部分无效；

二、确认河北中柯桉公司与重庆浩蒲兹公司、中永国际公司于2015年12月14日签署的《塔式交通安全警示灯供销合作协议》中约定的300万元利润中超出451726元的部分无效。

【法官后语】

长期以来，我国中小企业在经营发展过程中，由于受到企业管理不规范、担保物缺乏以及企业征信体系不健全、金融信贷主体结构不完善等因素影响，企业融资难、融资贵问题一直是困扰中小企业长期、快速、健康发展的一大难题，实践中，大量中小企业在无法通过金融机构获取优质融资的情况下，为解决企业的经营发展或短期资金拆借的需要，企业间借贷行为作为民间借贷的重要形式之一在经济交往活动中极为普遍。

基于我国2015年实施的《最高人民法院关于审理民间借贷案件适用法律若干问题的规定》中第十一条明确规定："法人之间、其他组织之间以及它们相互之间为生产、经营需要订立的民间借贷合同，除存在合同法第五十二条、本规定第十四条规定的情形外，当事人主张民间借贷合同有效的，人民法院应予支持。"至此，我国对于企业间借贷行为的效力认定规则完成了根本性的调整，据此规定，企业借贷行为建立了以有效为原则，以无效为例外的司法认定规则。在此基础上，近年来，受总体经济形势及融资环境的影响，企业间借贷更为活跃，成为企业解决融资难的重要方式之一。

但实践中我们发现，部分资金出借企业利用其资金优势或用资企业紧迫的资金拆借需求等，一方面，通过签署各种名目的合同，收取各项额外费用，如咨询费、服务费、管理费、担保法、评估费等，从而规避司法解释关于民间借贷利率上限的规定，隐性提高了企业融资成本；另一方面，由于企业间借贷行为受到出借主体类型、资金来源、利率上限以及出借企业是否以借贷为业等诸多因素的限制性规定，部分企业为了规避上述限制，从而采取签署各类以合作、联营、股权投资、委托理财等名的合同，并在合同中约定部分除资金往来外权利义务的方式，使得上述合同在形式上脱离民间借贷的表征，达到改变款项性质、规避资金监管与司法限制的目的，本案即属于该种情形。特别是在本案中，资金出借方为了实现其资金出借高额收益的合法化，还采取了将前一合同中所形成的"合法红利"转化为另一合同的保证金，并通过多个合同反复确认以及将款项权利转予他人等方式，从而期望实现其款项性质及效力的改变，使得法院在查明与认定款项性质时，具有更大的难度。

为解决上述问题，笔者认为，在审理涉及企业间往来款项性质及效力认定的案件中，不仅应参考款项所涉合作、联营、股权投资、委托理财等种类繁多的合同及其条款的名称、形式及内容，更应依照当事人之间合同签署的背景、目的、权利义务约定、实际履行情况、交易习惯以及诚实信用原则等因素综合认定。在可以认定涉案出资符合出资无风险、收益固定、按期偿还，且出资方对于双方所称合作、投资、联营等项目的实际运行情况及最终收益、风险均不存在任何期待及负担预期的情况下，法院应予认定涉案款项的性质属于企业借贷，从而使其受到民间借贷相关法律及司法解释的规制。

此外，值得注意的是，我们在司法实践中还发现，本案中所涉的资金出借及款项运作模式经常也是部分“套路贷”案件中的常见手段之一，法院在审理相关案件过程中，应给予更多的关注与审查。

编写人：北京市朝阳区人民法院　周裕财

11

债权人在破产重整程序终结前起诉保证人的正确处理

——上海浦东发展银行股份有限公司淄博分行诉淄博王庄煤矿有限公司金融借款合同案

【案件基本信息】

1. 裁判书字号

山东省淄博市中级人民法院（2018）鲁03民终75号民事判决书

2. 案由：金融借款合同纠纷

3. 当事人

原告（被上诉人）：上海浦东发展银行股份有限公司淄博分行（以下简称浦发

银行）

被告（上诉人）：淄博王庄煤矿有限公司（以下简称王庄煤矿）

【基本案情】

2015年10月8日，浦发银行与山东金顺达集团有限公司（以下简称金顺达）签订流动资金借款合同，约定金顺达向浦发银行借款2500万元，借款期限为2015年10月8日至2016年4月7日。同时，上述借款合同对借款利率、罚息利率及浦发银行实现债权和担保权利而支付的全部费用（包括但不限于诉讼费、保全费、律师费、差旅费等）亦进行了明确约定。同日，浦发银行与青岛齐华投资控股有限公司（以下简称齐华投资）、王庄煤矿签订最高额保证合同，约定齐华投资、王庄煤矿为金顺达在2015年10月8日至2016年7月20日办理的各类融资业务所发生的债权在人民币1.5亿元范围内提供连带保证责任，保证期间自每笔债权合同债务履行期届满之日起两年。浦发银行依约向金顺达发放借款，金顺达未按照合同约定还本付息，各担保人亦未承担相应的担保责任。金顺达于2016年12月21日经法院裁定进入重整程序，2017年6月30日法院裁定齐华投资与金顺达合并重整，诉讼中浦发银行支付律师费10000元。浦发银行起诉要求王庄煤矿在1.5亿元范围内承担连带清偿责任。王庄煤矿辩称其担保合同违反其公司章程和《中华人民共和国公司法》第十六条规定，其担保合同无效，其不承担担保责任。

【案件焦点】

债权人在破产重整程序终结前起诉保证人应如何正确处理。

【法院裁判要旨】

山东省淄博市临淄区人民法院经审理认为：涉案借款合同和最高额保证合同真实、合法有效，王庄煤矿应承担连带保证责任。王庄煤矿辩称的担保行为无效而不应承担担保责任的辩解理由，因其章程关于对外担保应经股东会决议的规定是公司管理性制度，不能对抗第三人，故对其辩解意见不予支持。据此，一审判决如下：

王庄煤矿对金顺达欠浦发银行借款本金2500万元、利息（截至2016年11月16日为1646029.26元及自2016年11月17日起至2016年12月21日止，按合同约定计算的利息）、律师费10000元，在1.5亿元范围内承担连带清偿责任。

王庄煤矿不服一审判决提起上诉，除原审答辩意见外，其还主张浦发银行已就涉案债权向金顺达破产管理人申报债权，依据《最高人民法院关于适用〈中华人民共和国担保法〉若干问题的解释》（以下简称《担保法解释》）的规定，要求承担担保责任应在破产程序终结后六个月内提出，在破产程序尚未终结前，一审法院受理本案不当。

山东省淄博市中级人民法院经审理认为：双方当事人对涉案最高额保证合同系双方合意签订的事实并无异议。在王庄煤矿未证明涉案最高额保证合同存在合同无效情形的情况下，其关于合同无效的主张与相关规定不符，不予支持。根据《担保法解释》第四十四条第二款的规定，在债权人申报债权后，保证人应就破产程序中未受清偿的部分承担保证责任。一审判决王庄煤矿直接承担担保责任与该规定不符，予以更正。据此，二审法院撤销一审判决并改判王庄煤矿对金顺达欠浦发银行借款本金2500万元、利息（截至2016年11月16日为1646029.26元及自2016年11月17日起至2016年12月21日止，按合同约定计算的利息）、律师费10000元，于金顺达破产程序终结后十日内就未受清偿的部分在1.5亿元范围内承担连带清偿责任。

【法官后语】

本案主要涉及债权人在破产重整程序终结前起诉保证人应如何正确处理的问题。

在确认涉案担保合同有效的前提下，关于债权人在破产重整程序终结前起诉保证人的问题，《担保法解释》第四十四条第一款规定："保证期间，人民法院受理债务人破产案件的，债权人既可以向人民法院申报债权，也可以向保证人主张权利"。其第二款规定："债权人申报债权后在破产程序中未受清偿部分，保证人仍应当承担保证责任。债权人要求保证人承担保证责任的，应当在破产程序终结后六个月内提出"。按照该条第一款的解释，债权人可以在申报债权的同时，向保证人主张权利，即债权人可以在申报债权的同时另行行使诉权。但该条第二款似乎又做了限制性规定，即债权人的该项主张，应当在破产重整程序终结后六个月内提出。据此，债权人在破产重整程序终结后六个月内起诉保证人以追偿其在破产重整案件中未获清偿部分债权，这种做法当然符合该规定，对此不存在任何争议。但是，如果债权人在破产重整程序终结以前起诉保证人的，也不应简单地不予受理或驳回起诉，而应根据该规定作出实体判决。

一方面，从节约诉讼资源和提高审判效率的角度出发，判令支持其合理诉求，既能保障债权人的合法权益，同时也不损害债务人的合法权利，还能节约诉讼成本，无论从实体法理上来说，还是从程序正义上来论，都没有什么可以诟病之处，可谓一举多得。反过来说，如果驳回债权人对保证人的起诉，迫使债权人在破产重整程序终结后另行起诉，势必造成诉讼成本的浪费，并给债权人形成诉累。特别是在市场经济环境下，保证人经营发展不稳定，在债务人已进入破产或破产重整的情况下，尽管债权人已经申报债权，但该债权最终能否受偿仍处于待定状态，而此时保证人尚有财产，还具备承担保证责任的能力，如果非要其在破产或破产重整程序终结后另行起诉，则可能已时过境迁，此时保证人自身可能又失去承担保证责任的能力，这样明显不利于保护债权人的合法权益。因此，债权人出于最大可能实现自身债权的目的，虽已经申报债权，但同时在破产或破产重整程序终结以前起诉保证人，有其正当理由。需要注意的是，在作出支持原告诉求的时候，必须注意到两点，一是应扣除原告在破产重整案件中获得分配的部分债权数额，否则会造成债权的重复计算；二是保证人承担继续清偿责任的时间应当以破产重整程序终结为计算起点，而不应以判决书生效为计算起点。

另一方面，对于《担保法解释》第四十四条第二款要进行深层次的、全面的理解。最高人民法院为什么要在司法解释中作出该款规定？这一点，探究最高人民法院的相关意见可以得到答案。最高人民法院在给云南省高级人民法院的（2003）民二他字第49号答复中指出，关于《担保法解释》第四十四条第二款的规定，仅适用于债务人在破产程序开始时保证期间尚未届满，而在债权人申报债权参加清偿破产财产程序期间保证期间届满的情形。即在上述情况下，考虑到债权人在债务人破产期间不便对保证人行使权利，债权人可以在债务人破产终结后六个月内要求对保证人承担保证责任。通过这个批复的内容可以看出，《担保法解释》第四十四条第二款的意图，是赋予了债权人的一种选择权，债权人可以在破产重整程序期间行使诉权，也可以在破产重整程序终结后六个月内行使诉权。这实际上是对因破产重整而引发的债权人行使权利带来的不便而对债权人的一种特殊保护，应当做如下理解：因为破产重整案件的发生，给债权人向保证人主张并实现债权带来了客观上的困难，为此，最高人民法院在《担保法解释》中特别规定对保证期间予以延长，通过这种手段来弥补、保障债权人的利益。对此不能作相反的理解，即对债权人使用诉权进行的限制。否则，就会与《担保法解释》的初衷相悖，最终在司法实践中导致不当裁判。

另外，对于该司法解释的正确理解，可以同时参考最高人民法院的另一批复。最高人民法院在给青海省高级人民法院的（2002）民二他字第32号答复中明确指出，在具体审理并认定保证人的保证纠纷责任的金额时，如需等待破产程序结束的，可依照《中华人民共和国民事诉讼法》第一百三十六条第一款第五项（注：2007年修正前）的规定，裁定中止诉讼。人民法院如径行判决保证人承担保证责任，应当在判决中明确应扣除债权人在债务人破产程序中可以分得的部分。也就是说，债权人起诉保证人要求其承担保证责任的，可以中止审理，等待破产重整程序终结以确定债权数额，也可以径行作出处理，在扣除债权人从破产重整案件中已经实现的债权份额后，对于未获分配部分作出判决。

综上，本案中，根据《担保法解释》第四十四条第二款的规定，在债权人申报债权后，保证人应就破产程序中未受清偿的部分承担保证责任。对此法院不应驳回浦发银行的起诉而应据此作出实体判决。但一审判决王庄煤矿直接承担担保责任与该规定和最高人民法院（2002）民二他字第32号答复的意见不符，二审予以更正具有法律依据。

编写人：山东省淄博市临淄区人民法院　刘海红

山东省淄博市中级人民法院　荣明潇

12

婚姻存续期间夫妻共同债务如何认定

——中国邮政储蓄银行股份有限公司长垣县支行诉李某利、徐某红借款合同案

【案件基本信息】

1. 裁判书字号

河南省长垣县人民法院（2018）豫0728民初705号民事判决书

2. 案由：借款合同纠纷

3. 当事人

原告：中国邮政储蓄银行股份有限公司长垣县支行（以下简称邮政银行）

被告：李某利、徐某红

【基本案情】

邮政银行与李某利、徐某红于2014年11月7日签订《个人额度借款合同》，双方约定邮政银行提供340000元授信额度给李某利、徐某红，李某利、徐某红可在额度支用期内循环使用该额度，贷款利率为中国人民银行公布的同期同档人民币贷款基准利率上浮30%，同时，原李某利、徐某红双方签订《个人最高额抵押合同》，合同约定李某利、徐某红以其所有的房屋（房产证号309521）及附着物之全部权益设立抵押权抵押给邮政银行，并办理了抵押登记。2014年11月10日，李某利、徐某红向邮政银行申请支用额度，双方约定借款金额为340000元，期限为120个月，从2014年11月10日至2024年11月10日，借款利率为浮动利率，为在中国人民银行同期同档次贷款基准利率水平上上浮30%。放款执行年利率为8.515%，逾期利率为12.7725%，还款方式为等额本息。合同还约定，借款人违约，不按期支付借款利息，贷款人有权全部收回借款。合同签订后，邮政银行依约发放了贷款，但李某利、徐某红未按约按期还款。合同履行期间，李某利、徐某红

支付本金至2017年2月11日，邮政银行于2017年3月11日和2017年3月21日分别扣划利息124.74元和0.1元，之后再无还款。截止到2017年11月9日借款本金283297.74元、利息12905.76元及罚息1107.69元，共计297311.19元。

【案件焦点】

在婚姻存续期间产生的债务如何界定为夫妻共同债务。

【法院裁判要旨】

河南省长垣县人民法院经审理认为：原告与被告李某利签订《个人额度借款合同》《个人最高额抵押合同》以及被告李某利向原告出具的借款支用申请，是当事人的真实意思表示，未违反法律的强制性规定，属有效协议，各方应按照协议约定履行自己的义务。原告依约向被告李某利发放贷款，履行了其义务；被告李某利应按合同约定还本付息。李某利支付了部分本息后不再还款，其行为已构成违约，原告有权要求其偿还全部借款本息。被告徐某红在个人额度借款合同借款人的配偶处签字，并声明同意李某利借款，属于共同借款人，应与李某利共同偿还。徐某红与李某利虽已经离婚，但并不能免除其共同还款的责任。因此，对原告要求被告李某利及其共同借款人徐某红支付下欠贷款本金、利息及罚息，法院依法予以支持。徐某红自愿以自己的房产为上述借款提供抵押担保，并办理了抵押登记，该抵押合同合法有效，原告对被告徐某红提供的抵押物享有抵押权，在李某利、徐某红不能按约履行合同时，原告对抵押物拍卖、变卖所得价款享有优先受偿权。其该项请求，法院予以支持。

根据《中华人民共和国合同法》第一百零七条、第一百九十六条、第二百零五条、第二百零六条、第二百零七条，《中华人民共和国担保法》第三十三条，《中华人民共和国民事诉讼法》第一百四十四条之规定，判决如下：

一、李某利、徐某红于本判决生效后十日内支付邮政银行借款本金283297.74元，截至2017年11月9日的利息12905.76元及罚息1107.69元。后续利息支付至结清之日止；

二、原告邮政银行对被告徐某红位于长垣县蒲西区亿隆国际城东区2栋1单元×号的房产（房产证号3095××）的拍卖、变卖所得价款享有优先受偿权。

如果未按本判决指定的期限履行给付金钱义务，应当依照《中华人民共和国民事诉讼法》第二百五十三条之规定，加倍支付迟延履行期间的债务利息。

【法官后语】

在日益复杂的市场经济下，以前固有的诚实信用体系、亲情友情关系，在巨大的利益面前纷纷崩溃。许多曾经的恩爱夫妻，在缘分消尽对簿公堂时，夫妻一方为了自己的经济利益，或伪造巨额债务，或恶意举债，意图从另一方身上夺取最大利益；许多曾经的亲朋好友，因债务缠身，或为保护家庭的利益，夫妻双方置亲情、友情而不顾，假借离婚，逃避债务。

《中华人民共和国婚姻法》第四十一条第一款明确规定："离婚时，原为夫妻共同生活所负的债务，应当共同偿还。"即表明夫妻共同债务为法定连带债务，就对外效力（债权人的权利）而言，债权人对于夫妻一方或双方可同时或先后请求全部或部分给付，非因清偿或者债务免除或者连带之免除，夫妻双方的连带债务并不因夫妻离婚而消灭。被告徐某红在个人额度借款合同借款人的配偶处签字，并声明同意李某利借款，属于共同借款人，应与李某利共同偿还。徐某红与李某利虽已经离婚，但并不能免除其共同还款的责任。因此，对原告要求被告李某利及其共同借款人徐某红支付下欠贷款本金、利息及罚息，法院依法予以支持。徐某红自愿以自己的房产为上述借款提供抵押担保，并办理了抵押登记，该抵押合同合法有效，原告对被告徐某红提供的抵押物享有抵押权，在李某利、徐某红不能按约履行合同时，原告对抵押物拍卖、变卖所得价款享有优先受偿权。

编写人：河南省长垣县人民法院　朱俊

13

业务员收取股金应否承担还款责任

——张某国诉沈某莲民间借贷案

【案件基本信息】

1. 裁判书字号

山东省聊城市中级人民法院（2018）鲁15民终2267号民事判决书

2. 案由：民间借贷纠纷

3. 当事人

原告（上诉人）：张某国

被告（被上诉人）：沈某莲

【基本案情】

2011年9月至2012年4月，张某国经沈某莲介绍，分五次将124000元存入山东巾帼创业投资有限公司。2012年5月25日，张某国请沈某莲帮助向山东巾帼创业投资有限公司催要投资款。沈某莲将张某国手中的五份入股协议书及股红通知单等收回后，以个人名义向张某国出具借条一份，载明“借条　今借张某国现金拾贰万肆仟元　沈某莲　2012年5月25日”。张某国认为，沈某莲向其出具借条，即向其借款，应负偿还责任。沈某莲则认为，其仅是作为业务员为公司揽收股金，出具借条的行为是被逼无奈，且二人之间未实际发生借款。沈某莲提交山东巾帼创业投资有限公司出具的证明材料、股红支付通知单以及客户名单，载明的入股数额、时间与张某国所主张的向沈某莲支付款项的数额、时间高度吻合。沈某莲据此认为张某国向其交付的款项并非借款，而是支付给山东巾帼创业投资有限公司的股金。

【案件焦点】

沈某莲与张某国之间是否存在合法有效的民间借贷关系。

【法院裁判要旨】

山东省茌平县人民法院经审理认为：合法有效的民间借贷关系受法律保护。出借人应当按照借贷约定向借款人提供足额借款，借款人应当按照约定按时偿还本金及利息，并承担逾期还款的责任。本案中，双方对借条真实性无异议，则双方之间是否实际交付借款，对双方之间借贷关系成立与否具有决定性意义。张某国对其向沈某莲现金支付借款未提供任何证据。而沈某莲提供的证据，使得双方之间是否实际支付借款的事实处于真伪不明的状态。另外，沈某莲作为退休教师，在无合理原因的情况下密集向张某国借款，不符合常理。张某国对此亦未能作出合理的解释。故张某国虽然持有沈某莲出具的借条，但不能提供充分证据证明其向沈某莲实际支付了借款，二人之间不存在合法有效的民间借贷关系。

山东省茌平县人民法院依照《中华人民共和国合同法》第二百一十条，《最高人民法院关于适用〈中华人民共和国民事诉讼法〉的解释》第一百零八条之规定，作出如下判决：

驳回张某国的诉讼请求。

张某国持原审意见提起上诉。山东省聊城市中级人民法院经审理认为：一审法院认定事实清楚、适用法律正确。依照《中华人民共和国民事诉讼法》第一百七十条第一款之规定，作出如下判决：

驳回上诉，维持原判。

【法官后语】

根据《中华人民共和国合同法》第二百一十条的规定，自然人之间的借款合同，自贷款人提供借款时生效。本案中，沈某莲虽然向张某国出具借条，但借款并未实际交付给沈某莲。张某国所主张的124000元均系在山东巾帼创业投资有限公司的投资款，沈某莲收取该款的行为系职务行为，不应对该笔款项承担偿还责任。

当今，因经营不善等原因倒闭的投资公司屡见不鲜，很多投资者要债无门，开始盯上当初负责办理投资手续的业务员，要求业务员们承担还款责任。投资公司业务员作为涉案款项的经手人，有的甚至以自己的名义向投资者出具借条，其应否对涉案款项承担还款责任，应当综合投资公司账目、制式收据、入股协议等证据进行综合判断。对于投资者与业务员之间无合法借贷手续或涉案资金流向明确的情况，不宜判令业务员对投资者的投资款项承担还款责任。对于业务员收取投资款后，仅将部分投资款汇入投资公司或时间先后存在较大差距的情况下，应当认定业务员存在借款后自己再行投资的想法，此时业务员应当对投资者承担还款责任。

编写人：山东省茌平县人民法院　张松

14

物的担保人承担责任后可向其他保证人追偿份额的确定

——丁某宸诉任某杰、李某梅追偿权案

【案件基本信息】

1. 裁判书字号

北京市东城区人民法院（2018）京0101民初16441号民事判决书

2. 案由：追偿权纠纷

3. 当事人

原告：丁某宸

被告：任某杰、李某梅

【基本案情】

2015年11月30日，任某杰与中国民生银行股份有限公司总行营业部（以下简称民生银行）签订借款合同，约定任某杰向民生银行借款575万元，借款期限自2015年11月30日起至2016年11月30日止，年利率5.655%，还款方式为按月结息，到期一次性偿还本金。任某杰担任法定代表人的北京鹏爱宫酒业发展有限公司（以下简称鹏爱宫公司）和其妻李某梅为上述债务提供连带保证担保；丁某宸与李某琳以各自房屋为上述债务提供抵押担保，担保的范围均为借款本金、利息、罚息、复利、违约金、损害赔偿金、实现债权和担保权利的费用，丁某宸提供的抵押物评估价为3394100元；李某琳提供的抵押物评估价为4319300元。各保证人、担保人共同签署了担保合同。借款合同及担保合同均于2015年12月18日经北京市

中信公证处进行公证，并依法赋予其强制执行效力。借款期内，任某杰逾期未支付利息，丁某宸于2016年1月25日代其偿还利息13198元。此后，任某杰仍然未能依约还款，民生银行按合同约定宣布借款提前到期，并申请强制执行。为避免被强执，2017年6月22日，丁某宸再次向民生银行还款298万元，民生银行将其抵押房屋解押。另一抵押人李某琳则承担了其余贷款的担保责任。因任某杰、李某梅系夫妻关系，李某梅亦持有鹏爱宫公司20%股权。故丁某宸要求向任某杰、李某梅追偿其已承担担保责任的款项2993198元及相应利息142176.91元（以2993198元为基数，自2017年6月23日起至2018年6月23日止，按年利率4.75%标准计算）。

任某杰认为，案涉借款用于偿还鹏爱宫公司经营产生的债务，应由公司偿还。同时公司的经营行为已经被认定为非法吸收公众存款，任某杰因此被判处刑罚。案涉款项已经刑事判决处理。

李某梅认为，借款人为任某杰，款项用于公司经营而非家庭生活，不应认定为夫妻共同借款。李某梅仅为案涉借款的连带保证人，只应承担连带保证责任，因借款的担保主体为4个，故其承担连带保证责任的份额不应超过原告已承担责任的25%。

【案件焦点】

1. 物的担保人丁某宸承担担保责任后，有权要求其他保证人分担多少份额；2. 李某梅的多重身份是否影响其分担的份额。

【法院裁判要旨】

北京市东城区人民法院经审理认为：根据法律规定，同一债权既有保证又有第三人提供物的担保的，债权人可以请求保证人或者物的担保人承担担保责任。当事人对保证担保的范围或者物的担保的范围没有约定或者约定不明的，承担了担保责任的担保人，可以向债务人追偿，也可以要求其他担保人清偿其应当分担的份额。本案中，原告丁某宸承担抵押担保责任后，向债务人任某杰追偿垫付的款项及垫付款项期间的利息，具有事实及法律依据，应予支持。刑事案件处理的事实发生于2008年至2014年，而原告承担担保责任为2016年、2017年，显非同一事实，故对该答辩意见不予采信。

李某梅虽与任某杰系夫妻关系，但原告并未举证证明案涉借款用于夫妻共同生活，且保证合同中亦明确载明李某梅为借款的保证人，故李某梅应承担保证责任而非共同还款责任。原告在向债务人追偿不能时，可以要求李某梅清偿其应当分担的份额。因各担保人、保证人之间并未就份额分担进行约定，根据公平原则，法院认为各担保人、保证人应平均分担。故法院对李某梅关于其应承担 25% 份额即 748299. 5 元保证责任的答辩意见予以支持。

北京市东城区人民法院依据《中华人民共和国物权法》第一百七十六条，《最高人民法院关于适用〈中华人民共和国担保法〉若干问题的解释》第三十八条，《中华人民共和国民事诉讼法》第六十四条之规定，作出如下判决：

一、被告任某杰于本判决生效后十日内偿还原告丁某宸垫付款项 2993198 元；

二、被告任某杰于本判决生效后十日内支付原告丁某宸 2017 年 6 月 23 日至 2018 年 6 月 23 日的利息 142176. 91 元；

三、若被告任某杰未能履行上述第一项债务，则被告李某梅对其中的 748299. 5 元向原告丁某宸承担清偿责任；

四、被告李某梅承担清偿责任后，有权向被告任某杰追偿；

五、驳回原告丁某宸的其他诉讼请求。

【法官后语】

被担保的债权既有物的担保又有人的担保的，《中华人民共和国物权法》第一百七十六条赋予了承担担保责任后的第三人向债务人追偿的权利。《最高人民法院关于适用〈中华人民共和国担保法〉若干问题的解释》（以下简称《担保法解释》）第三十八条亦规定，承担了担保责任的担保人，可以向债务人追偿，也可以要求其他担保人清偿其应当分担的份额。据此，原告丁某宸作为承担了担保责任的第三人，有权向债务人任某杰追偿，亦有权向保证人李某梅追偿。

对于李某梅，丁某宸可以向其追偿多少份额？首先要解决的问题是李某梅应承担何种责任，是与配偶任某杰共同承担还款责任还是仅承担连带保证责任？《最高人民法院关于审理涉及夫妻债务纠纷案件适用法律有关问题的解释》第三条规定，夫妻一方在婚姻关系存续期间以个人名义超出家庭日常生活需要所负的债务，债权人以属于夫妻共同债务为由主张权利的，人民法院不予支持，但债权人能够证明该债务用于夫妻共同生活、共同生产经营或者基于夫妻双方共同意思表示的除外。在本案中，李某梅虽然与任某杰系夫妻关系，但案涉借款的数额明显超出家庭日常生活所需，原告丁某宸亦无证据证明该借款用于夫妻共同生活。虽然李某梅持有部分鹏爱官公司股权，但从刑事判决书可以看出任某杰通过鹏爱官公司的经营活动非法吸收公众存款，李某梅并未参与，难以认定案涉款项用于夫妻共同生产经营。并且，由各方签字确认的借款合同、担保合同中均明确约定，李某梅为案涉借款的连带保证人，此系各方当事人之间最为明确的意思表示，基于民法意思自治的原则，认定李某梅承担连带保证责任亦更为合理。

在李某梅承担连带保证责任的情况下，其作为保证人应当分担多少份额？法律对此并无明文规定。从《担保法解释》第三十八条仅能看出当事人之间约定优先，但若无明确约定，法律并未规定按何种比例分担。而《担保法解释》第二十条第二款对连带共同保证的保证人之间份额的分担作了规定，连带共同保证的保证人承担保证责任后，向债务人不能追偿的部分，由各连带保证人按其内部约定的比例分担。没有约定的，平均分担。可见，若如约定，各保证人责任范围相同的情况下，各方应平均分担责任。

笔者认为，物保与人保共存时，担保责任的分担主要需要考虑两个因素。一是各担保人的担保范围是否相同；二是抵押物的最终价值。若担保范围不同或抵押物最终价值小于担保范围，则应按比例分担。若担保范围相同且抵押物价值覆盖担保范围或无法确认，则应以公平原则平均分担。本案中，当事人之间对分担比例并无明确约定。但根据保证合同可以看出，各担保人、保证人的担保范围相同，均为案涉借款的本金、利息、罚息、复利及相关费用；虽抵押房产的评估价值低于所担保的债务，但评估价只是一个估值，且房产价值本身的浮动性很大，债权人最终也并非通过抵押房产变现来获得受偿，而是担保人为避免抵押房产变现主动履行担保责任，故抵押财产的价值究竟占担保债务多少比例难以确定。在此情形下，以公平原则判令各方按担保人、保证人的总人数平均分担是合理的。

另外，关于法院应否主动调查另一担保人李某琳承担担保责任的情况以确定各方应分担数额的问题，笔者认为，在本案中，原告丁某宸并未对李某琳提出请求，李某琳承担担保责任后的追偿问题亦可另行主张，本案就丁某宸的部分进行处理并不损害当事人的利益，亦更符合民商事活动的效率原则。

编写人：北京市东城区人民法院　古悦　陈春生

15

债务加入之并存的债务承担

——邹峰某诉邹某花等追偿权案

【案件基本信息】

1. 裁判书字号

山东省莱西市人民法院（2018）鲁0285民初1664号民事判决书

2. 案由：追偿权纠纷

3. 当事人

原告：邹峰某

被告：邹某花、邹某云、邹泉某、邹某龙

【基本案情】

2005年10月27日，莱西市农村信用合作联社牛溪埠信用社与被告邹某花（借款人）、原告邹峰某（共同连带保证人）、三被告邹某云、邹泉某、邹某龙（共同连带保证人）签订《农户最高额联合保证担保借款合同》，后因被告未履行还款义务，莱西市农村信用合作联社牛溪埠信用社诉来法院。2008年11月6日，法院作出（2008）西商初字第2173号民事判决书，判令邹某花向莱西市农村信用合作联社牛溪埠信用社偿还借款本金及利息，邹泉某、邹峰某、邹某云、邹某龙对邹某花的上述清偿义务负连带清偿责任。判决生效后，因被告未履行判决书确定的义务，莱西市农村信用合作联社牛溪埠信用社申请执行。原告邹峰某向法院缴纳案款及相关费用35700元。后被告邹某云返还原告邹峰某9000元，剩余26700元未还。

【案件焦点】

作为保证人的被告邹某云是借款的实际使用人，其自愿要求承担全部还款责任的行为如何认定。

【法院裁判要旨】

原告基于法院生效判决履行了保证责任，现向四被告追偿，符合法律规定，法院予以支持。原告放弃利息请求，系对自己民事权利的处分，符合法律规定，法院予以准许。被告邹某花作为借款人，应承担全部还款责任。被告邹某云虽为名义上的保证人，但却是借款的实际使用人，理应承担全部还款责任，现其自愿要求承担全部还款责任，法院予以准许。其他保证人即被告邹泉某、被告邹某龙在其应当承担的份额内清偿。由于各连带共同保证人之间没有约定份额，应平均分担。各连带共同保证人承担保证责任后，有权向被告邹某花、邹某云追偿。山东省莱西市人民法院依照《中华人民共和国担保法》第十二条、第三十一条，《最高人民法院关于适用〈中华人民共和国担保法〉若干问题的解释》第二十条第二款之规定，判决如下：

一、二被告邹某花、邹某云连带给付原告邹峰某26700元，于判决生效之日起10日内执行；

二、被告邹泉某对上述一款项的1/4即6675元（26700元/4）承担连带责任，被告邹泉某承担保证责任后，有权向二被告邹某花、邹某云追偿；

三、被告邹某龙对上述一款项的1/4即6675元（26700元/4）承担连带责任，被告邹某龙承担保证责任后，有权向二被告邹某花、邹某云追偿。

【法官后语】

上述案件法院对焦点问题的审理意见是依据债务加入进行阐述的。债务加入，又称并存的债务承担，是指第三人加入债的关系中，成为新的债务人，同原债务人一起对债权人连带承担债务，第三人不履行债务的，债权人可以请求人民法院强制执行，也可以请求原债务人履行债务。

第三人单方允诺愿意为债务人清偿债务，债权人不表示反对，产生并存的债务承担的效力，此时原债务人并没有脱离债的关系，而是由第三人加入债的关系，并与债务人共同向同一债权人承担债务，并存的债务承担导致债务人增加，有利于保障债权人债权的实现，原则上并不要求债权人同意，只要其不反对即可。

编写人：山东省莱西市人民法院　吴晶晶

16

P2P平台借复杂合同条款及计算方法获取法律保护范围以外的利息应予防范

——深圳市诚信祥融资担保有限公司诉张某超追偿权案

【案件基本信息】

1. 裁判书字号

江苏省连云港市赣榆区人民法院（2018）苏0707民初6640号民事判决书

2. 案由：追偿权纠纷

3. 当事人

原告：深圳市诚信祥融资担保有限公司（以下简称诚信祥担保公司）

被告：张某超

【基本案情】

2015年11月30日，张某超为购买赣榆县墩尚镇毛德祥通信器材经营部的苹果6PLUS16G金色手机而寻求借款，与借款服务中介深圳普惠快信金融服务有限公司（以下简称普惠快信公司）签署了《个人借款申请表》《授权委托书》等相关协议，授权普惠快信公司以被告名义借款。依据张某超授权，普惠快信公司通过北京弘合柏基金融信息服务有限责任公司（以下简称弘合柏基公司）运营的"有利网"平台签署《借款协议》进行借款，借款金额为4724元，其中商品价款3499元已由商家收取，借款管理费1225元由普惠快信公司及第三方收取，并由诚信祥担保公司承担担保责任。2015年11月30日，张某超从商户处领取该商品，《借款协议》已实际履行。根据被告张某超签署的《借款协议》约定，张某超还款期数24期，但张某超未依约还款，尚欠22期未还，致使诚信祥担保公司于2018年2月27日支付代偿款（包括剩余未还本金、欠款利息及逾期利息）5502.42元。诚信祥担保公司已依约履行了担保责任，后经诚信祥担保公司多次催要，张某超一直拖欠，故诉至法院。

【案件焦点】

1. 原、被告借款合同中约定的借款管理费是否实际产生；2. 等额本息还款法中被告已超额偿还的部分利息如何扣除。

【法院裁判要旨】

江苏省连云港市赣榆区人民法院经审理认为：原告诚信祥担保公司主张的金额包含：借款本金3499元、借款管理费1225元，上述两项款项相加为4724元，按等额本息计算，被告张某超偿还2期，剩余本金为4368.63元，以该本金为基数，自借款逾期之日（2016年2月2日）起至约定的还款之日止（即2017年12月1日），按照年利率24%计算利息，并得出原告诚信祥担保公司所主张的起诉数额。按照《最高人民法院关于审理民间借贷案件适用法律若干问题的规定》第三十条的规定，出借人与借款人既约定了逾期利率，又约定了违约金或者其他费用，出借人可以选择主张逾期利息、违约金或者其他费用，也可以一并主张，但总计超过年利率24%的部分，人民法院不予支持。原告诚信祥担保公司所主张的借款管理费1225元以及相应部分的利息，出借人并未实际给付，应当视为上述法律规定中的其他费用，不应计入本金。故法院依法认定被告张某超借款的实际本金应为3499元。被告张某超于2016年2月1日前偿还了2期借款本息共计440.36元，按照相关法律规定，以3499元为基数，按年利率11%使用等额本息的计算方式，被告张某超应当每月偿还163.08元，至2016年2月1日应尚余本金3235.78元。被告张某超在借款后偿还了440.36元，扣除应偿还的326.16元，超出的114.2元应当认定为偿还本金，故被告张某超实际尚欠本金3235.78－114.2＝3121.58元。自被告张某超逾期偿还之日（即2016年2月2日）起至2018年2月26日止，以实际尚欠借款金额3121.58元为本金，按照年利率24%计算该期间的利息应为1571.2元，故在该法律规定范围内的本息之和应为4692.78元，对于原告诚信祥担保公司主张的超过该部分的款项，法院依法不予支持。

综上，法院依照《中华人民共和国担保法》第三十一条，《最高人民法院关于审理民间借贷案件适用法律若干问题的规定》第二十九条、第三十条，《中华人民共和国民事诉讼法》第一百四十四条、第一百六十二条之规定，判决如下：

一、被告张某超应于本判决生效之日起十日内向原告诚信祥担保公司偿还垫付款4692.78元及利息（利息自2018年2月27日起至实际给付之日止，按年利率6%计算）；

二、驳回原告诚信祥担保公司的其他诉讼请求。

【法官后语】

通过裁判文书网检索，裁判文书网显示涉及诚信祥担保公司追偿权的案件数量极多，分布于全国各地区法院。经百度检索，本案的案外人北京弘合柏基金融信息服务有限责任公司运营的“有利网”平台是规模较大的互联网借贷平台。其经营模式为通过线下的小额贷款公司（即本案中的案外人深圳普惠快信金融服务有限公司）在手机经销商处获得，由“有利网”平台向借款人发放贷款，同时由本案原告诚信祥担保公司为贷款提供连带责任保证担保，属于《最高人民法院民间借贷司法解释理解与适用》中总结的三种P2P借贷平台经营模式中的居间加保证模式。截至本文写作完成为止，该借贷平台网站仍能正常打开。

“有利网”平台的催收模式也为网络模式，由于其债务人分散于全国各地，其通过委托“清债网”等网站公布不良债权，以风险代理方式吸引全国各地律师注册竞标，并以邮寄合同、授权委托书等方式与律师建立委托代理关系再向各地法院提起追偿权诉讼，往往同时在一个法院提起十余起、二十余起诉讼。通过裁判文书网显示，各地法院对于此类案件裁判结果存在不一致，有的法院支持了原告诉求中虚增的“借款管理费”，有的法院虽未支持该虚增的债务，但在计算过程中存在较大误差，错误理解了等额本息还款法，简单地将等额本息法理解为年利率×贷款本金/月数，或者“借款管理费”产生的利息没有冲抵本金，导致计算结果错误。“有利网”平台的还款方式为等额本息还款，其计算公式为每月还款额=【贷款本金×月利率×（1+月利率）^还款月数】/【（1+月利率）^还款月数-1】，推导过程较为烦琐，依此公共计算可看出，虽然每月归还的借款金额虽相同，但每月还款额中构成的利息与本金均不相同，且前期所归还的大部分为利息，存在利息所占比重递减的趋势。在借款人已偿还若干期借款的情况下，其正确计算方式应为以实际借款额和原虚增的借款金额按等额本息法计算出每期借款中的本金与利息，其虚增“借款管理费”所产生的利息应当予以冲抵本金。本类案件在处理过程中，建议使用商业银行的手机APP中附带的等额本息计算器计算，防止出错。

本案虽金额较小，但值得引起重视的是类案裁判结果应当具备一致性。当前P2P借贷平台大量“暴雷”而被刑事立案侦查，许多的平台借款人也恶意逃废债务。人民法院作为裁判机关不仅应当重视打击逃废债务，也应当防止P2P借贷平台利用复杂的合同条款、利息计算方法获取不法利益。

编写人：江苏省连云港市赣榆区人民法院　朱孟杰

17

保证意思有偏差情况下保证合同无效

——李某伟诉李某毫、周某头民间借贷案

【案件基本信息】

1. 裁判书字号

河南省平顶山市中级人民法院（2018）豫04民终1916号民事判决书

2. 案由：民间借贷纠纷

3. 当事人

原告（被上诉人）：李某伟

被告（上诉人）：李某毫、周某头

【基本案情】

李某毫与周某头系夫妻，周某头系智力不全的无行为能力人。

2016年6月23日，高某利（与李某霞共同向李某伟借款的债务人）与李某霞、郭某闯共同到李某毫、周某头家，李某霞向李某毫、周某头讨要两人所居住房产的房产证借款用，李某毫、周某头将汝州市前火神庙街×号房产房屋所有权证交给李某霞，李某毫在“同意房产证让李某霞贷款用”的纸条上签上了“李文浩周某头”，其中周某头系李某毫所写。同年7月11日，李某霞与高某利向李某伟借款

50万元并向李某伟出具借条一张。同年8月3日，李某霞亡故。另外，李某霞与吴某军系夫妻关系。本案审理中，经法院释明，李某伟明确表示不要求高某利承担还款责任；根据李某伟申请，法院于2016年11月1日作出（2016）豫0482民初6737号民事裁定书，裁定：对被申请人周某头所有的位于汝州市前火神庙街×号的房产予以查封，限额55万元，查封期间，由周某头负责看管，允许居住使用，限制处分权。

【案件焦点】

1. 如何确定保证合同的实质内涵；2. 如何确认保证合同在保证意思有偏差时的效力。

【法院裁判要旨】

河南省汝州市人民法院经审理认为：吴某军之妻李某霞向李某伟借款50万元，有借条、转款凭证等证据为凭，借款事实可以认定，该款是在李某霞和吴某军夫妻关系存续期间所借，应按夫妻共同债务处理，李某伟要求吴某军偿还借款50万元，予以支持。李某亳、周某头书写了同意用房产证让李某霞贷款用的字条，其应在提供担保的财产范围内对李某霞的借款50万元及利息承担保证责任。李某亳、周某头承担保证责任后，可向吴某军追偿。

河南省汝州市人民法院依照《最高人民法院关于审理民间借贷案件适用法律若干问题的规定》第二十五条，《中华人民共和国担保法》第五十三条之规定，作出如下判决：

一、吴某军于本判决生效后10日内偿还李某伟借款50万元及利息；李某亳、周某头在其提供的房产价值内承担保证责任；

二、驳回李某伟的其他诉讼请求。

李某亳、周某头不服一审判决，提起上诉。河南省平顶山市中级人民法院经审理认为：李某亳出具的附有其亲笔签字的字条上并未写明担保的主债权内容、履行期限等，根据《中华人民共和国担保法》第三十九条及《最高人民法院关于适用〈中华人民共和国担保法〉若干问题的解释》第五十六条的规定，抵押合同对被担保的主债权种类、抵押财产没有约定或约定不明，根据主合同和抵押合同不能补正或无法推定的，抵押不成立。李某亳出具的抵押合同内容、形式均不符合法律规定，抵押合同不成立。且高某利前去李某亳、周某头家中催要款项时已明确告知房产证抵押在担保公司，进一步印证了李某亳并未为上述借款提供担保的事实。因此，该抵押合同与李某霞、高某利的借款行为不能形成关联性。对一审判决认定抵押合同成立，李某亳、周某头应承担担保责任，不予支持。

河南省平顶山市中级人民法院依照《中华人民共和国民事诉讼法》第一百七十条第一款第二项之规定，作出如下判决：

一、变更原判决第一项为“吴某军于本判决生效后10日内偿还李某伟借款50万元及利息”；

二、维持原审判决第二项“驳回李某伟的其他诉讼请求”。

【法官后语】

随着社会经济的高度发展，平等主体之间经济往来也愈加频繁，其中最为普遍的即为民间借贷。伴随着法律宣传的深入和公民法治意识的增强，公民之间在发生借贷交易时，往往附带保证合同。通常情况下，保证合同的保证人在债务人无法承担保证责任之时承担保证责任，但也存在主借款合同与保证合同（尤其是抵押合同）从属关系不明确的复杂情形。

无论是债权人还是保证人，其合法权益都是法律所要保护的对象。在涉及保证合同时，应侧重于对保证合同的形式内容和实质意思之间关联性的审查。

1. 在保证合同（抵押合同）的形式内容审查方面。依据《中华人民共和国担保法》第三十九条“抵押合同应当包含以下内容：（一）被担保的主债权种类、数额；（二）债务人履行债务的期限；（三）抵押物的名称、数量、质量、状况、所在地、所有权权属或使用权权属；（四）抵押担保的范围；（五）当事人认为需要约定的其他事项”的规定，保证合同最为经典、传统的内容即包含对主债务合同的描述，这是该保证合同与所保证事项的直接纽带，是保证合同能否成立的必备要素。在本案中，李某亳、周某头出具的仅仅是一张载有“同意房产证让李某霞贷款用”的字条，未载明任何法律规定的担保合同的必备内容，只因有李某亳、周某头的亲笔签字才能认定为是一份简易合同，但从全无具体描述的合同形式和内容上看，不能就此认定为是有效的保证合同。

2. 在保证合同的实质意思的审查方面。实质意思，指的是保证人签订保证合同时的真实意思表示，关系着保证合同与主债务合同之间是否存在真实意义上的从属关系。根据《中华人民共和国担保法》第五十条“抵押权不得与债权分离而单独转让或者作为其他债权的担保”的规定，抵押合同必须与主债务合同具有从属性。案例中，李某毫出具的抵押合同上写的是“同意房产证让李某霞贷款用”，首先，“贷款”的内容不明，不能确定是李某霞向他人借贷，还是李某霞为贷款给他人，该疑点与抵押合同必要内容未标明有关；被担保的对象不明，虽然李某毫出具了担保合同，体现了其愿意以房产作抵押的意思，但该意思与“本案借款的担保意思”却存在着差别，高某利去李某毫家中催要“借款”时即已明确表示房产证已抵押在担保公司，该事实反映了李某毫对李某霞向李某伟借款一事不知情，因按照正常的法律程序，李某霞的借款到期且不能还款时，债权人才能去执行该债权的担保，而李某毫的房产证已提前抵押在担保公司，于法理相违背，且“担保合同”上未明确主债务内容，不能强加保证合同与李某霞借款之间的联系，故此，“担保合同”与李某霞借款无法形成从属关系，二者之间的关联性被切断，保证责任自然不适用于案涉借款。

编写人：河南省平顶山市中级人民法院　郭洋洋

二、保　　证

18

保证合同约定债务人“不能按期偿还”债务的，应认定保证人承担连带保证责任

——宫某玉诉北京九鼎铭洋国际投资管理有限公司诉北京品刚投资担保有限公司借款合同案

【案件基本信息】

1. 裁判书字号

北京市朝阳区人民法院（2018）京0105民初8314号民事判决书

2. 案由：借款合同纠纷

3. 当事人

原告：宫某玉

被告：北京九鼎铭洋国际投资管理有限公司（以下简称九鼎铭洋公司）、北京品刚投资担保有限公司（以下简称品刚投资担保公司）

【基本案情】

2017年3月13日，宫某玉（作为甲方、委托方）与九鼎铭洋公司（作为乙方、受托方），签订编号为：JDMY－2017－128《合作投资管理协议》，协议约定：甲方授权乙方对甲方资金进行运作，乙方承诺由此产生的相关风险由乙方承担，相关风险包括金融市场风险、信用风险等；甲方将委托资金金额200000元整存入乙方公司，委托期限自2017年3月13日起至2017年9月12日止。乙方承诺，在合

同正常履行的前提下，甲方自签订合同之日起，每个月可以获得初期投入本金1%的收益以及3%的分红，取得收益的日期为每月15日，金额为8000元整。在合同正常履行期限内，乙方若逾期1～2个工作日，没有返还利息，乙方将承担当月利息100%的违约金；如果合同期满，乙方负责保证甲方本金安全归还以及约定的收益。甲方委托乙方对上述资产进行委托管理，其运作范围为金融投资管理；合同到期后，乙方将在1～2个工作日内，把甲方投资的本金返还给甲方。若本金延迟兑付，视为乙方违约，将200%的资金返还给甲方；乙方在金融市场进行运作时，出现任何风险都由乙方来承担。即使造成亏损，乙方赔付给甲方委托款项。合同到期后乙方保证甲方的委托资金安全。

2017年3月13日，宫某玉向九鼎铭洋公司支付了200000元。当日，九鼎铭洋公司向宫某玉出具了200000元的收据。

2017年3月13日，品刚投资担保公司向宫某玉出具《担保函》，内容为："投资人宫某玉于2017年3月13日与九鼎铭洋公司签署的《合作投资管理协议》（以下简称《协议》），为保证投资人的资金安全，应九鼎铭洋的申请，品刚投资担保公司特出具担保函，同意为投资人在《协议》编号为：JDMY－2017－128项下的资金承担保证，担保金额为人民币贰拾万元整。并约定，本保函为投资人宫某玉在有效投资周期内，保证本金及预期收益的投资安全；担保函自开立之日起生效，期限为6个月，即从2017年3月13日起至2017年9月12日止，月利率1%及分红为3%；本公司承诺《协议》到期，若九鼎铭洋不能按期偿还，投资人要求我公司承担保证责任的，自我公司接到申请后三个工作日内无条件承担代偿义务。"宫某玉诉至法院，要求：1. 请求判令九鼎铭洋公司、品刚投资担保公司连带偿还宫某玉理财资金100000元及其利息分红（按月利率1%和月分红2%计算，从2018年1月13日计算至给付之日止）；2. 九鼎铭洋公司、品刚投资担保公司连带偿还双倍的理财资金200000元。

诉讼中，宫某玉自认其收到九鼎铭洋公司返还的部分本金及收益。另查，品刚投资担保公司出具《担保函》后，未履行保证责任。

【案件焦点】

保证合同约定债务人"不能偿还债务"和"不能按期偿还债务"，保证人承担保证责任的区别。

【法院裁判要旨】

北京市朝阳区人民法院经审理认为：九鼎铭洋公司与宫某玉所签之合同，虽名为《合作投资管理协议》，但九鼎铭洋公司在合同条款中直接与宫某玉约定了具体、固定的月收益率，该约定表明宫某玉的合同预期为纯粹追求资本的固定本息回报，而对九鼎铭洋公司管理资本的行为及收益后的分成并无预期，该约定与借款合同并无二致。在合同实际履行中，九鼎铭洋公司亦未向宫某玉披露款项具体走向。综上，可以认定九鼎铭洋公司与宫某玉之间构成借款合同关系，应按照关于借贷的规定处理，法院依法对本案的案由予以调整。现九鼎铭洋公司未按约定返还本金及利息，应当承担相应的清偿责任。根据《最高人民法院关于审理民间借贷案件适用法律若干问题的规定》第二十六条的规定："借贷双方约定的利率未超过年利率24%，出借人请求借款人按照约定的利率支付利息的，人民法院应予支持。借贷双方约定的利率超过年利率36%，超过部分的利息约定无效。借款人请求出借人返还已支付的超过年利率36%部分的利息的，人民法院应予支持。"因此，宫某玉与九鼎铭洋公司约定的利息及分红标准明显高于法律规定，九鼎铭洋公司应返还宫某玉的本金及利息金额，法院将根据《最高人民法院关于审理民间借贷案件适用法律若干问题的规定》的上述规定予以核定，并对宫某玉主张的利息分红标准一并依法予以调整。经法院核定，九鼎铭洋公司应支付宫某玉本金75386.6元及利息，利息自2018年1月16日起算，以欠付本金75386.6为基数，按年利率24%的标准，计算至实际清偿之日止。宫某玉在主张逾期利息的同时，又主张九鼎铭洋公司返还双倍的理财资金20万元，法院认为，利息已足以弥补其损失，法院对宫某玉主张的双倍理财资金不予支持。

品刚投资担保公司出具的《担保函》中载明，"本公司承诺《协议》到期，若九鼎铭洋公司不能按期偿还，投资人要求我公司承担保证责任的，自我公司接到申请后三个工作日内无条件承担代偿义务"，在本案《担保函》中，表达了保证人承担保证责任的条件是九鼎铭洋公司"不能按期"偿还债务，而非九鼎铭洋公司"不能"偿还债务。该"不能"字样是与"按期"结合在一起使用，不能将其理解为确实无力偿还借款的客观能力的约定，仅是表明到期不能偿还即产生保证责任，应认定为连带保证责任。故品刚投资担保公司作为保证人，应为九鼎铭洋公司的上述债务提供连带责任保证，品刚投资担保公司承担保证责任后，有权向九鼎铭洋公司追偿。

北京市朝阳区人民法院依照《中华人民共和国合同法》第二百零五条、第二百零六条、第二百零七条，《中华人民共和国担保法》第三十一条之规定，判决如下：

一、被告九鼎铭洋公司于本判决生效之日起七日内返还原告宫某玉借款本金75386.6元及利息（利息以欠付本金75386.6元为基数，按年利率24%的标准，自2018年1月16日起计算至实际清偿之日止）；

二、被告品刚投资担保公司就第一项确定的款项向原告宫某玉承担连带清偿责任；

三、被告品刚投资担保公司承担保证责任后，有权向被告九鼎铭洋公司追偿；

四、驳回原告宫某玉的其他诉讼请求。

【法官后语】

本案处理重点主要在于：

1. 一般保证和连带责任保证的区别

一般保证是指保证人与债权人约定，当债务人不能履行债务时，由保证人承担保证责任的行为。一般保证最重要的特点就是保证人享有先诉抗辩权。所谓先诉抗辩权，是指一般保证的保证人在主合同纠纷未经审判或者仲裁，并就债务人财产依法强制执行仍不能履行债务前，对债权人可以拒绝承担保证责任。可见，先诉抗辩权的存在使一般保证中的保证人所承担的责任成为一种纯粹的补充责任。同时，债权人仅于诉讼外向债务人提出履行债务的请求后即要求保证人承担保证责任，保证人亦有权拒绝其主张。债权人必须通过法律途径向债务人主张债权并经法院强制执行，这是要求保证人承担保证责任的前提。

连带责任保证是指保证人与债权人约定，保证人与债务人对债务承担连带责任的行为。连带责任保证的债务人，在主合同规定的债务履行期限届满没有履行债务的，债权人可以要求债务人履行债务，也可以要求保证人在其保证范围内承担保证责任。也就是说，只要债务人到期不履行债务，债权人既可以要求债务人履行债务，也可以直接要求保证人承担连带保证责任，即在连带保证责任中，保证人不享有先诉抗辩权，其承担保证责任不再以债权人先诉求债务人履行债务为前提。这是连带责任保证与一般保证最为重要的区别。可见，保证人在连带责任保证中承担的责任更重一些。理解一般保证与连带责任保证的区别最重要的便是要理解法律的意图，即对一般保证的保证人的保护要高于连带责任保证的保证人，而后的法律区别都是根据这个意图衍生出来的。

2. 不能偿还与不能按期偿还的区别

“不能偿还”中的“不能”，系指债务人已经彻底失去偿还能力，是客观上的给付不能。不能按期偿还，重点在于“按期”，是指债务人在主观或客观方面没有按照约定偿还借款，可能并不存在客观上的给付不能。因此，不能偿还与不能按期偿还，是完全相反的事实状态，应当予以明确区分。

3. 两种表述对于保证人的先诉抗辩权行使有本质影响

一是借款合同中，如果约定“债务人到期不能偿还债务”，则意味着必须达到债务人客观上给付不能的条件下，方能对保证人请求承担责任，此时保证人具有先诉抗辩权，其承担的是一般保证责任。

二是借款合同中，如果约定“债务人不能按期偿还债务”，则意味着只要债务人到期没有偿还借款，不管是主观原因还是客观原因，债权人即有权要求保证人承担责任，此时，债务人与保证人处于同等法律地位，保证人并不享有先诉抗辩权，其承担的是连带保证责任。

本案《担保函》中，表达了保证人承担保证责任的条件是九鼎铭洋公司“不能按期”偿还债务，表明到期不能偿还即产生保证责任，将该保证责任，认定为连带保证责任并无不当。

编写人：北京市朝阳区人民法院　李林强　林德森

19

保证人行使追偿权时的利息适用问题

——厦门市七星通联科技有限公司诉陈某英追偿权案

【案件基本信息】

1. 裁判书字号

福建省泉州市安溪县人民法院（2018）闽0524民初4211号民事判决书

2. 案由：追偿权纠纷

3. 当事人

原告：厦门市七星通联科技有限公司（以下简称七星公司）

被告：陈某英

【基本案情】

陈某英因向安溪县城厢炳耀摩托车服务部购买摩托车（两轮/三轮）需要资金，于2017年10月5日通过七星公司开发的"七星生活App"向惠安县农村信用合作联社（以下简称惠安信用联社）申请办理小康卡，并签订相关电子协议。"小康卡"系惠安信用联社与七星公司联合发行的福万通贷记卡，用于申请人就指定商品/服务申请消费分期及还款，"七星生活APP"系七星公司为消费者在线申请及办理"小康卡"及消费分期服务而开发的应用程序。2016年7月5日，七星公司向惠安信用联社出具《担保声明书》，承诺自愿为通过"七星生活APP"在线申请及办理"小康卡"及消费分期服务的所有消费者办理前述业务项下的全部债务提供连带责任保证，保证期间为主债务履行期限届满之日起两年。2017年10月5日，陈某英通过"七星生活APP"向惠安信用联社申请办理该贷记卡并通过该卡进行分期贷款，用于向安溪县城厢炳耀摩托车服务部购买价格为50000元的豪达摩托车一辆，根据陈某英签署的相关电子协议约定，陈某英向惠安信用联社贷款50000元，分18期按月偿还，每月应偿还金额为3277.78元，如陈某英逾期还款，应按日万分之五标准支付透支利息，并按最低还款额的未还部分百分之五标准支付违约金，如因陈某英违约导致七星公司向惠安信用联社承担保证责任代偿的，应按代偿金额的日万分之五标准支付资金占用期间的利息损失，并承担由此产生的一切费用。在前述申请表第八条、领用合约第五条第六款、章程第五条第一款第四项均明确约定申请人即持卡人在申请表上所填写的常住地址、电子邮箱、电话均可作为惠安信用联社或七星公司对其催收、债权转让、法院诉讼、执行法律文书送达的地址。《七星分期用户服务协议》第八条第一款约定因履行协议产生争议，以七星生活或者用户所在地作为解决争议的管辖法院。2017年10月5日，惠安信用联社根据陈某英的申请向商户安溪县城厢炳耀摩托车服务部指定收款账户转入贷款50000元。贷款后陈某英仅于2017年11月15日偿还3300元，之后便再未履行还款义务，七星公司为此于2018年5月29日向惠安县信用联社代被告偿还结欠的债务58126.68元。陈某英至今未向七星公司归还上述款项。

【案件焦点】

七星公司在向陈某英行使追偿权的时候能否主张利息。

【法院裁判要旨】

福建省泉州市安溪县人民法院经审理认为：七星公司与陈某英及案外人惠安信用联社签订的案涉协议均系当事人真实意思表示，内容不违反法律、行政法规强制性规定的，应为合法有效。七星公司依约为陈某英承担保证责任，代陈某英向惠安信用联社偿付借款本息及违约金合计58126.68元后，陈某英未依约归还七星公司代偿款，其行为已构成违约，应承担相应的违约责任。现七星公司主张陈某英归还代偿款58126.68元及根据约定标准计算的利息损失，具有事实及法律依据，予以支持。

福建省泉州市安溪县人民法院依照《中华人民共和国合同法》第六十条、第一百零七条、第一百一十四条，《中华人民共和国担保法》第十八条、第三十一条及《中华人民共和国民事诉讼法》第一百四十四条之规定，作出如下判决：

陈某英应于本判决生效之日起十日内支付七星公司代偿款58126.68元及利息损失（以58126.68元代偿款为基数，按每日万分之五的标准自2018年5月29日起计至款项还清之日止）。

【法官后语】

本案的争议焦点主要是关于保证人行使担保追偿权能否主张利息损失的问题，由于我国法律对于保证人追偿权的规定过于简单、原则，对产生追偿权的法律基础也未涉及，因此在理念和实践中存在不一致的观点。有的观点认为，保证人在承担保证责任后，无权向债务人主张利息损失。此观点是基于《中华人民共和国担保法》第三十一条的规定，保证人承担保证责任后可以向债务人追偿，但是并未涉及利息；而且保证人作为担保人，其应承担债务人履行不能的全部风险。

笔者认为保证人可以向债务人主张利息损失。虽然《中华人民共和国担保法》第三十一条及司法解释没有明确规定追偿利息损失，但也未排斥，法无禁止即自由；自保证人向债权人代偿贷款之日起，债务人与债权人的债务债权关系即消灭，继而保证人与债务人之间产生新的债权债务关系。保证人向债务人行使追偿权的范围是其所承担的保证责任的范围，应以保证人的清偿行为使主债务人所受利益为限；债务人不能及时向保证人偿还代垫款项，给保证人造成了资金占用损失，故保证人行使追偿权的范围除了主债务及利息以外，还应当包括债务人逾期履行的违约金或损害赔偿金、保证人承担保证责任所支出的必要费用、保证人在承担保证责任过程中所受到的损害、保证人代偿款项的利息损失等。在本案中，毕竟是因为陈某英违背了诚实信用原则，才导致主债务的形成，对此，七星公司并无过错。七星公司作为保证人履行保证责任之日其对陈某英的债权即告成立，从该日起，陈某英作为被保证人就负有向七星公司偿付代垫款项的义务，陈某英未能向七星公司偿付所欠款项，除应当向七星公司偿还代垫的全部透支本息外，还应向七星公司承担因占用七星公司代垫资金所造成利息损失的民事责任。

从各地法院判决案例中发现，在保证人与债务人就利息损失事先未约定的情况下，保证人向债务人追偿利息计算标准各不相同，有的法院以同期同类银行贷款基准利率计算，也有参照审理民间借贷司法解释逾期利率6%计算。笔者认为，本案中，七星公司与陈某英约定按每日万分之五计算利息，应当依法予以支持；若出现双方未达成有关款项追偿的约定，也没有事先在保证条款中作出利息追索的约定的情况，应参照法定利率6%计算。依据是《最高人民法院关于审理民间借贷案件适用法律若干问题的规定》第二十九条第二款第一项的规定，出借人主张借款人自逾期还款之日起按照年利率6%支付资金占用期间利息的，人民法院应予支持。关于利息的起算点，笔者认为应当自清偿之日起计算，因为利息是一种损失，就应该从损失实际发生之日即清偿之日起算。

编写人：福建省泉州市安溪县人民法院　苏逸群

20

保证金符合特殊动产质押要件时的适用

——南京金泉基础设施投资发展有限公司诉蒋某伢追偿权案

【案件基本信息】

1. 裁判书字号

江苏省南京市溧水区人民法院（2018）苏0117民初416号民事判决书

2. 案由：追偿权纠纷

3. 当事人

原告：南京金泉基础设施投资发展有限公司（以下简称金泉公司）

被告：蒋某伢

【基本案情】

2014年12月，恒业公司向南京银行借款400万元，中小企业担保公司（该企业已于2018年2月5日变更为金泉公司）提供担保。2014年12月24日，恒业公司、蒋某伢等人与中小企业担保公司签订《反担保合同》，约定恒业公司、蒋某伢等人对中小企业担保公司的前述担保债务承担反担保义务。反担保合同详细约定了反担保债务范围、反担保义务人履行义务的时间、违约责任等相关事项。2014年12月29日，南京银行履行了借款义务。2014年12月26日，中小企业担保公司收到恒业公司保证金45万元；2015年1月8日，中小企业担保公司收到恒业公司保证金15万元。借款到期后，恒业公司未偿还本息。2015年12月23日，南京银行从中小企业担保公司保证金账户中扣收本金、利息合计60万元。中小企业担保公司已通过诉讼向恒业公司、蒋某伢等人追偿该60万元及相应利息，被法院生效判决予以支持。2016年10月17日，江苏省南京市玄武区人民法院（2016）苏0102民初878号民事判决判令恒业公司应给付南京银行珠江支行借款本金3423119.58元及相应利息、罚息、复利等；中小企业担保公司对以上恒业公司的还款义务承担连带还款责任。此后，中小企业担保公司通过他人代偿及被法院强制执行的方式又归还南京银行90万元。

金泉公司向蒋某伢追偿其承担担保责任的90万元及相应利息、诉讼保全保险费等，蒋某伢认为南京银行从中小企业担保公司保证金账户中扣收的60万元系恒业公司缴纳给中小企业担保公司的保证金，该保证金用于恒业公司对中小企业担保公司的反担保，金泉公司所主张的90万元应先抵扣该60万元保证金。蒋某伢还对金泉公司所主张的其他款项有异议。

【案件焦点】

1. 南京银行珠江支行从中小企业担保公司保证金账户里扣收的本金、利息共计60万元款项是否应当在本案金泉公司主张的诉讼标的额中抵扣，即该60万元是否应当以恒业公司交付中小企业担保公司的60万元保证金抵偿；2. 蒋某伢是否已经履行完毕保证责任，是否应当继续承担还款责任。

【法院裁判要旨】

江苏省南京市溧水区人民法院经审理认为：关于争议焦点一，金泉公司确实收取了恒业公司缴纳的保证金60万元。《最高人民法院关于适用〈中华人民共和国担保法〉若干问题的解释》（以下简称《担保法解释》）第八十五条规定："债务人或者第三人将其金钱以特户、封金、保证金等形式特定化后，移交债权人占有作为债权的担保，债务人不履行债务时，债权人可以以该金钱优先受偿。"依据该条款的规定，构成保证金账户资金质押必须符合两个要件：资金的特定化以及移交债权人占有。在本案中，虽然金泉公司与恒业公司没有以书面合同的形式对该60万元保证金的性质、担保范围、期限等事项进行约定，但是金泉公司以保证金的名义收取了恒业公司60万元并为自己所占有，金钱属于特殊种类物，金泉公司收取保证金的行为事实上构成动产质押。在本案中，恒业公司、蒋某伢等人对金泉公司进行反担保，反担保债权源于金泉公司代偿恒业公司对南京银行珠江支行的债务，本质上是金泉公司对恒业公司的债权，主债务人还是恒业公司。《中华人民共和国物权法》

第一百七十六条规定，被担保的债权既有物的担保又有人的担保的，债务人不履行到期债务或者发生当事人约定的实现担保物权的情形，债权人应当按照约定实现债权；没有约定或者约定不明确，债务人自己提供物的担保的，债权人应当先就该物的担保实现债权；第三人提供物的担保的，债权人可以就物的担保实现债权，也可以要求保证人承担保证责任。提供担保的第三人承担担保责任后，有权向债务人追偿。本案中，金泉公司、恒业公司、蒋某伢等人未就保证金及保证担保清偿债权顺序进行约定，因保证金属于特定物的担保且为恒业公司所提供的担保，金泉公司应当先就该60万元保证金清偿自己代恒业公司清偿南京银行珠江支行债务所产生的债权，不足部分再向蒋某伢主张清偿。蒋某伢未在法院（2016）苏0117民初908号案件中提出应以该60万元保证金抵销金泉公司所主张的债权，并不意味着蒋某伢不可以在本案中提出该主张。根据《中华人民共和国物权法》第一百七十六条的立法本义及衡平各方当事人合法权益，金泉公司主张的诉讼标的额中的本金应当优先以恒业公司的60万元保证金冲抵，故蒋某伢仅应就剩余30万元本金及相应利息承担清偿责任。因《反担保合同》中已约定反担保人应在金泉公司履行保证责任后30日内履行反担保责任，故对金泉公司主张的利息，应自2018年2月7日起算，金泉公司主张的超出该部分本金及利息的诉讼请求，法院不予支持。

关于争议焦点二，蒋某伢是否已经履行完毕保证责任，是否应当继续承担还款责任？蒋某伢、恒业公司等人与金泉公司所签订的《反担保合同》未明确约定保证方式，应当视为连带责任保证，金泉公司有权要求任何一个保证人承担全部保证责任，故对蒋某伢的该部分抗辩，法院不予采纳。

关于金泉公司主张的诉讼保全保险费1800元，因双方并未约定应由反担保人负担，故对该部分诉讼请求，法院不予支持。

江苏省南京市溧水区人民法院依据《中华人民共和国担保法》第十九条、第三十一条，《中华人民共和国民事诉讼法》第一百四十二条的规定，判决如下：

一、蒋某伢应于本判决发生法律效力之日起十日内一次性归还金泉公司代偿款30万元及利息（自2018年2月7日起至实际支付之日止，按照中国人民银行同期同类基准贷款利率的4倍计算）；

二、蒋某伢承担上述保证责任后，有权向南京恒业服饰有限公司追偿；

三、驳回金泉公司的其他诉讼请求。

【法官后语】

实践中，企业向银行借款时，常有专业担保公司提供连带责任担保。为防范信贷风险、保障信贷资金安全，银行往往要求担保公司设立专门的保证金账户并缴纳相应的保证金进行担保。作为担保的对价，担保公司会将该部分保证金转嫁给借款企业，即要求借款企业按所贷款项一定比例向担保公司缴纳保证金，同时还会要求借款企业或他人提供反担保。如借款企业未按期归还贷款，保证金往往会被银行直接扣划抵充债务。本案纠纷即与上述信贷担保模式有关。本案金泉公司追偿的90万元之所以能与南京银行从金泉公司保证金账户中扣划的60万元进行相应冲抵，取决于以下两点的认定。

一、案涉60万元保证金的性质

《担保法解释》第八十五条规定："债务人或者第三人将其金钱以特户、封金、保证金等形式特定化后，移交债权人占有作为债权的担保，债务人不履行债务时，债权人可以以该金钱优先受偿。"根据上述条款规定，构成金钱质押应当符合下述要件：资金形式的特定化以及移交债权人占有。恒丰公司将60万元以保证金的名义交付给金泉公司用以反担保，即满足上述两个要件，故该60万元应构成保证金质押。

二、物保、人保清偿债权的顺序

《中华人民共和国物权法》第一百七十六条规定，被担保的债权既有物的担保又有人的担保的，债务人不履行到期债务或者发生当事人约定的实现担保物权的情形，债权人应当按照约定实现债权；没有约定或者约定不明确，债务人自己提供物的担保的，债权人应当先就该物的担保实现债权；第三人提供物的担保的，债权人可以就物的担保实现债权，也可以要求保证人承担保证责任。提供担保的第三人承担担保责任后，有权向债务人追偿。本案中，既有保证金质押担保，又有保证担保，但相关人员未就保证金及保证担保清偿债权顺序进行约定，因保证金属于特定物的担保且为债务人自己所提供的担保，故金泉公司应当先就该60万元保证金清偿债权，而不能向他人追偿。

综上，本案的审理结果既符合担保法司法解释及物权法的规定及立法本义，又衡平了各方当事人合法权益，值得肯定。

编写人：江苏省南京市溧水区人民法院　何洋

21

保证人骗走借款的犯罪行为不影响其追偿权的行使

——于某霞诉于某亮、任某梅追偿权案

【案件基本信息】

1. 裁判书字号

山东省莱西市人民法院（2018）鲁0285民初1578号民事判决书

2. 案由：追偿权纠纷

3. 当事人

原告：于某霞

被告：于某亮、任某梅

【基本案情】

2013年11月28日，被告于某亮向案外人李某坤借款30000元，并出具借据一张，约定月息二分，由原告于某霞提供担保。后李某坤向于某亮、于某霞催款无果，将二人诉至法院。法院经审理判决于某亮还款付息，于某霞承担连带责任。于某霞作为担保人向法院缴纳执行款45390元、执行费360元，合计45750元。

于某亮向李某坤借款30000元后，凑齐51000元，与于某霞携款51000元到广西南宁投资，于某亮按照于某霞要求开设银行账户并存款，银行卡及密码交予于某霞，后于某霞伙同他人将银行卡内存款转走。于某亮发现被骗后报案。2017年8月8日，于某霞以诈骗罪被判处有期徒刑四年，并处罚金15000元，同时责令退赔赃款50800元（含本案向李某坤的借款30000元）给于某亮。

2018年3月9日，于某霞起诉于某亮及其妻子任某梅，追偿垫付执行款、执行费45750元，并要求二被告承担垫付后产生的利息。

【案件焦点】

本案借款系被担保人骗走，借款本金及产生的执行费、利息、诉讼费是否应当返还。

【法院裁判要旨】

山东省莱西市人民法院经审理认为：被告于某亮向李某坤借款、原告于某霞为借款提供担保，均是当事人的真实意思表示，其内容不违反法律法规的规定，其效力已经法院生效判决认定。于某霞作为保证人履行了担保责任，根据法律规定，其有权向于某亮追偿。本案焦点是借款系被担保人骗走，借款本金及产生的执行费、利息、诉讼费是否应当返还。

关于借款本金 30000 元。于某霞已经履行保证责任向李某坤清偿；该借款本金后被于某霞以投资方式骗走，刑事判决已责令退赔，若按刑事判决执行于某霞，于某霞将重复支付涉案 30000 元。另外，刑事判决已经认定于某霞为被告于某亮垫付 4.5 万元执行款系民事法律关系。故借款本金 30000 元，于某亮应予偿还。

关于借款产生的执行费、利息、诉讼费。于某亮不能按期偿还借款系由原告于某霞诈骗的犯罪行为所致，故由此产生的损失应由于某霞自行承担。

被告任某梅、于某亮系夫妻关系，但本案借款未用于家庭共同生活，故被告任某梅对该借款不应承担共同还款责任。

据此，依照《中华人民共和国担保法》第十八条、第三十条之规定，判决如下：

一、被告于某亮于判决生效后十日内给付原告于某霞 30000 元；

二、驳回原告于某霞的其他诉讼请求。

【法官后语】

保证人追偿权又称保证人求偿权。根据《中华人民共和国担保法》第三十一条规定的“保证人承担保证责任后，有权向债务人追偿”，保证人行使追偿权的基础及依据是“已经承担保证责任”。在本案中，保证人于某霞已经通过向法院缴纳案款的形式向债权人李某坤清偿，且不存在超过诉讼时效等针对债权人的抗辩事由；同时，债权人李某坤起诉债务人、保证人的民间借贷案件判决中也已经明确于某霞承担保证责任后有权追偿，故于某霞依法应当取得追偿权。

至于保证人于某霞将借款骗走的行为，其发生在李某坤、于某亮之间的债权债务合法成立之后，系独立的刑事法律关系。从法律程序上讲，不应与属于追偿权的民事法律关系混同处理。从当事人实体权利保护上讲，于某霞的诈骗行为已经法院刑事判决确认并责令退赔，借款人于某亮基于于某霞履行保证责任的行为已经免去借款清偿责任并有权取得退赔款，此时若否定于某霞追偿权，于某亮将取得不当利益，于某霞亦将承担双倍责任。

关于追偿权的范围。原则上，保证人行使追偿权的范围应当限于其所承担的保证责任的范围，包括：主债务及其利息，逾期履行违约金或损害赔偿金，承担保证责任所支出的必要费用等；同时，对代偿金额自代偿之日起产生的利息、因承担保证责任而受到的损害等，保证人亦有权向债务人主张。但在本案中，于某亮借款30000元后随即便被于某霞诈骗走，于某亮不能按期偿还借款系由原告于某霞诈骗的犯罪行为所致，故由此产生的损失应由于某霞自行承担，对借款产生的利息、执行费、诉讼费以及代偿金额自代偿之日起产生的利息等，于某亮均无须承担责任。

编写人：山东省莱西市人民法院　封晓娜

22

保证人在承担保证责任前能否处置反担保财产以清偿主债务

——陈某妹、孙某俊诉厦门金原融资担保有限公司保证合同案

【案件基本信息】

1. 裁判书字号

福建省厦门市中级人民法院（2018）闽02民终3055号民事判决书

2. 案由：保证合同纠纷

3. 当事人

原告（上诉人）：陈某妹、孙某俊

被告（被上诉人）：厦门金原融资担保有限公司（以下简称金原公司）

【基本案情】

2014年8月27日，案外人博百智公司向华夏银行厦门分行贷款510万元。孙某俊同意以海沧区沧林路×号店面等三处不动产为上述贷款提供抵押担保，其中厦门市海沧区沧林路×号房产评估价值为301.01万元。

2014年10月14日，华夏银行厦门分行向博百智公司提供250万元的贷款，贷款期限为1年。金原公司就博百智公司的上述贷款向华夏银行厦门分行提供保证担保。孙某俊以其名下位于厦门市海沧区沧林路×号房产等三处不动产作为抵押担保(即反担保)，并就前述抵押担保物办理委托公证，委托金原公司、郭惠燕代为办理上述房产的还贷解押、出售等事宜。

2014年10月15日，博百智公司与金原公司、孙某俊、陈某妹等人签订《还款协议》，约定一旦金原公司为博百智公司承担保证责任为其代偿，债权人有权从折价抵偿、拍卖、变卖担保物等方式中选择一项或多项方式实现债权；金原公司承担代偿责任后，博百智公司、孙某俊、陈某妹对执行自己所提供的抵押物无任何异议。

2015年3月23日，华夏银行厦门分行通知博百智公司及保证人，前述两份合同项下贷款本金510万元、本金250万元及相应利息提前到期。因博百智公司未在银行要求的时间内清偿上述银行贷款本息，金原公司工作人员郭惠燕以孙某俊代理人的名义将孙某俊坐落于海沧区沧林路×号房产以200万元的成交价出售给吴鑫。并将售房款全部清偿博百智公司欠银行的贷款本息。

法院委托评估机构对厦门市海沧区沧林路209号房产于2015年7月15日的市场价值进行评估。经评估，该房产于2015年7月15日的市场价值为274.73万元。

【案件焦点】

1. 金原公司是否有权出售房产；2. 如有权出售房产，出售程序是否合法，出售价格是否属于明显不合理的低价。

【法院裁判要旨】

福建省厦门市湖里区人民法院经审理认为：孙某俊、陈某妹将名下案涉房产以公证的方式授权委托金原公司及其工作人员代为出售，实质是作为金原公司对博百智公司承担保证责任的反担保，其目的是授权金原公司在主债务人博百智公司未能清偿银行贷款而需承担保证责任时，能够通过处分讼争房产以迅速实现债权，该约定并未违反法律、行政法规的强制性规定，应认定合法有效。因此，原、被告之间应认定为保证合同关系。因博百智公司在华夏银行厦门分行贷款出现违约，华夏银行厦门分行宣布贷款提前到期并发出通知书，要求金原公司承担保证责任。金原公司在孙某俊、陈某妹委托权限内将案涉房产出售，并以出售款项代为清偿博百智公司的银行贷款，符合合同约定，并无不当。孙某俊、陈某妹主张，金原公司未经任何拍卖等合理合法程序出售系争房产，损害委托人利益。法院认为，根据博百智公司与金原公司、孙某俊、陈某妹等人签订的《还款协议》约定，金原公司有权以孙某俊、陈某妹提供的反担保财产（即系争房产）折价抵偿、拍卖、变卖等方式实现债权。金原公司在委托权限内出售案涉房产的实际成交价格为2003435.18元，根据《房地产估价报告》，案涉房产在2015年7月15日的市场价值为274.73万元，交易价格未明显低于市场交易价的70%，并非明显不合理的低价。综上，孙某俊、陈某妹要求金原公司赔偿损失及利息，缺乏事实和法律依据，法院不予支持。

福建省厦门市湖里区人民法院依照《中华人民共和国民事诉讼法》第六十四条第一款之规定，判决如下：

驳回孙某俊、陈某妹的诉讼请求。

孙某俊、陈某妹提起上诉。福建省厦门市中级人民法院经审理认为：（1）关于金原公司是否有权出售案涉房产。孙某俊、陈某妹认为《还款协议》并未赋予金原公司对案涉房产的处分权，金原公司追偿债权应当在履行担保责任后，才能向法院申请执行。法院认为，《还款协议》约定了金原公司向法院申请强制执行的条件及实现的方式，该约定是金原公司追偿债权的实现方式之一。但孙某俊、陈某妹与金原公司同时对案涉房产以公证的方式对追偿债权进行了约定，该约定实现的前提条件是主债务人未能清偿银行贷款。金原公司在主债务人未能清偿银行贷款，华夏银行厦门分行要求其承担保证责任的前提下，在公证的权限内出售案涉房产，符合双方的约定。孙某俊、陈某妹主张金原公司无权出售案涉房产不能成立。（2）关于如金原公司有权出售案涉房产，出售价格是否属于明显不合理的低价，是否属于自买自卖。孙某俊、陈某妹认为金原公司出售案涉房产，明显低于评估价格，违背了受托人的义务，损害了孙某俊、陈某妹的利益。法院认为，金原公司根据公证出售案涉房产，其权限包括选定买方并与其商定房产交易价格等。金原公司将案涉房产出售给案外人吴鑫，虽然出售价格低于评估价格，但不属于明显不合理低价的情形。孙某俊、陈某妹认为金原公司将案涉房产卖给案外人吴鑫属于自买自卖，但没有提供相关证据予以证明，该主张不能成立。(3) 关于金原公司将孙某俊、陈某妹担保的三套房产全部予以出售，是否超过必要的限度。孙某俊、陈某妹认为金原公司出售三套担保的房产超过必要的限度，一审认定事实不清。法院认为金原公司出售三套房产所得购房款均用于偿还主债务人应当偿还的银行贷款，孙某俊、陈某妹的主张没有事实依据，法院不予支持。

据此，福建省厦门市中级人民法院依照《中华人民共和国民事诉讼法》第一百七十条第一款第一项之规定，判决如下：

驳回上诉，维持原判。

【法官后语】

本案主要涉及三个焦点问题：一是原、被告之间的关系是委托合同关系还是保证合同关系？二是保证人在主债务人无法履行到期债务而被要求承担保证责任的情况下，能否在承担保证责任前直接处置反担保财产并以所得价款清偿主债务？三是保证人出售反担保财产未经拍卖或者市场询价、公开变卖的程序是否合理合法？

关于问题一，陈某妹、孙某俊主张其与金原公司之间成立委托合同关系，理由在于其通过公证授权的方式委托金原公司的工作人员行使案涉房屋的相关权利。金原公司则认为双方之间法律关系的性质系从属保证合同的委托授权行为，而非委托合同关系。笔者认为，孙某俊、陈某妹将名下案涉房产以公证的方式授权委托金原公司及其工作人员代为出售，实质是作为金原公司对博百智公司承担保证责任的反担保，其目的是授权金原公司在主债务人未能清偿债务而需承担保证责任时，能够通过处分讼争房产以迅速实现债权，属于非典型性担保方式，应认定原、被告之间为保证合同关系。

关于问题二，陈某妹、孙某俊认为金原公司行使追偿债权的前提应当是履行担保责任，不能在履行担保责任前擅自处分反担保财产。笔者认为，担保法规定的追偿权成立于保证人和主债务人之间，即保证人承担保证责任后向主债务人追偿。而本案金原公司和孙某俊、陈某妹之间并不属于前述承担保证责任后的追偿权关系，而是反担保法律关系下的追偿。具体而言，虽然金原公司与孙某俊、陈某妹在《还款协议》中约定，金原公司承担保证责任后，有权从折价抵偿、拍卖、变卖担保物等方式中选择一项或多项方式实现债权；但孙某俊、陈某妹与金原公司同时对案涉房产以公证的方式对追偿债权进行了约定，该约定实现的前提条件是主债务人未能清偿银行贷款。金原公司在主债务人未能清偿银行贷款，银行要求其承担保证责任的前提下，在公证的权限内出售案涉房产，并以售房款项清偿主债务，应认定符合各方当事人的真实意思表示，也并未加重孙某俊、陈某妹的负担，并无不当。

关于问题三，金原公司和孙某俊、陈某妹约定了金原公司处置反担保房产的方式，包括折价抵偿、拍卖、变卖等方式。尽管金原公司在处置该反担保房产时未经评估或者市场询价而直接快速变卖，变卖价格可能低于市场价格（事实也是如此），但只要没有明显以不合理的低价出售，就应当认定是符合双方约定的。

编写人：福建省厦门市湖里区人民法院　李福清

23

出借人仅起诉连带保证的保证人应受法律保护

——邵某诉毛某东民间借贷案

【案件基本信息】

1. 裁判书字号

天津市第二中级人民法院（2018）津02民终7228号民事判决书

2. 案由：民间借贷纠纷

3. 当事人

原告（被上诉人）：邵某

被告（上诉人）：毛某东

【基本案情】

案外人孙某柱于2015年8月15日向原告邵某借款，双方签订借款合同，借款金额为350000元，借款期限两个月，月利率1.5%，如逾期每日罚息5‰，借款用于付工程款。孙某柱在乙方（贷款方）处签字按手印，案外人天津市奇建彩钢制品有限公司在丁方（担保方）处盖章，被告毛某东在合同首部丙方（担保方）处签字按手印，担保方式为连带保证，保证期限为自借款期限届满之次日起两年。2015年8月21日，邵某通过中国工商银行向孙某柱转账350000元。孙某柱于当日向邵某出具收条，载明：今收到邵某现金人民币350000元。2015年11月21日，邵某与毛某东进行交涉，要求毛某东偿还借期内利息，毛某东予以认可并代为偿还，并承诺就孙某柱另外100000元借款先行偿还。2016年8月4日，邵某再次与毛某东交涉并录音，毛某东陈述："这个钱当时我担保的时候也跟你说了，就是他不还我肯定替他还上的。"双方在录音中陈述孙某柱共从原告处拿450000元。毛某东分别于2016年8月8日、2016年9月23日分两次偿还其中100000元。

【案件焦点】

1. 保证人未在合同落款处签章是否影响保证合同效力；2. 出借人是否可仅起诉连带保证的保证人。

【法院裁判要旨】

天津市滨海新区人民法院经审理认为：原告邵某主张案外人孙某柱向其借款350000元，并提交借款合同、收条及转账记录加以证实，可以确认双方存在借贷关系。原告主张被告毛某东承担保证责任，法院认为，毛某东未在合同落款处签名，但在合同首部以担保人名义签名捺印，根据《最高人民法院关于适用〈中华人民共和国担保法〉若干问题的解释》第二十二条第二款的规定："主合同中虽然没有保证条款，但是，保证人在主合同上以保证人的身份签字或者盖章的，保证合同成立"，在本案中，毛某东以保证人身份签字按手印的行为可以证实保证合同成立。毛某东辩称，不清楚借贷事实，法院认为，毛某东对其在合同中签名捺印的行为不能作出解释，其在录音中已明确陈述代为偿还利息及对借款进行担保，对其抗辩意见不予采信。关于保证期间，毛某东在2016年8月4日录音中承诺还款，原告提起诉讼并未超过保证合同诉讼时效。毛某东辩称，原告直接对毛某东提起诉讼与法律相悖，法院认为，毛某东承担连带保证责任，根据《最高人民法院关于适用〈中华人民共和国担保法〉若干问题的解释》第二十条第一款的规定："连带共同保证的债务人在主合同规定的债务履行期届满没有履行债务的，债权人可以要求债务人履行债务，也可以要求任何一个保证人承担全部保证责任”，因此，孙某柱未偿还借款，原告要求毛某东承担全部保证责任符合法律规定，应予以支持。关于逾期利息，原告主张自2015年10月21日起按月利率2%计算，双方约定逾期日利率5‰，原告按月利率2%主张，未超出双方约定及法律规定，应予以准许。

天津市滨海新区人民法院依照《中华人民共和国合同法》第一百零七条、第一百九十六条、第二百零六条，《中华人民共和国担保法》第十八条、第十九条，《最高人民法院关于适用〈中华人民共和国担保法〉若干问题的解释》第二十条、第二十二条之规定，作出如下判决：

被告毛某东于本判决发生法律效力之日起十日内向原告邵某支付借款本金350000元及逾期利息（自2015年10月21日至实际给付之日，按月利率2%计算）。

毛某东提起上诉。天津市第二中级人民法院经审理认为：邵某主张案外人孙某柱向其借款350000元，并提交了借款合同、收条及转账记录予以证实，虽然借款合同中案外人孙某柱在贷款方签名，但从孙某柱出具收条以及被上诉人转账的事实来看，邵某为出借人，案外人孙某柱为借款人，故邵某提交的借款合同、收条及转账记录能够证明被上诉人与孙某柱之间的借贷关系成立。毛某东主张本案借贷关系不成立，邵某未履行借款合同，依据不足，法院不予支持。关于担保责任问题，涉诉借款合同中约定，担保方式为连带保证，保证期间为自借款期限届满之次日起两年，上诉人在担保方处签名捺印，且上诉人在2016年8月4日的录音中承诺还款，故被上诉人起诉未超过诉讼时效，因孙某柱未偿还借款，上诉人应对本案借款承担连带保证责任。一审判决对本案借款本金及逾期利息的认定并无不当，予以维持。

天津市第二中级人民法院依照《中华人民共和国民事诉讼法》第一百六十九条第一款、第一百七十条第一款第一项之规定，作出如下判决：

驳回上诉，维持原判。

【法官后语】

民间借贷案件中借款合同或债权凭证往往存在合同内容拟定、签署不专业、不规范等特点，司法实践应结合合同内容、文字逻辑和履行情况对案件事实加以考量，合理保护借贷双方的合法权益。本案借款合同保证人毛某东仅在借款合同首页的担保方一栏签名捺印，未在合同落款处签名捺印，其主张合同未成立。但根据《最高人民法院关于适用〈中华人民共和国担保法〉若干问题的解释》第二十二条第二款的规定，保证人在主合同上以保证人的身份签字或者盖章的，保证合同成立。本案被告毛某东仅在合同首页签字捺印，该合同的签订的确存在不完善之处，但法院结合毛某东对为何在合同上签字捺印不能作出合理解释，并在此后通过电话向出借人承诺还款的事实，认为其对承担保证责任是知晓的，应该承担保证责任。

对于出借人是否可以仅起诉连带保证人问题，根据《最高人民法院关于审理民间借贷案件适用法律若干问题的规定》第四条第一款的规定，保证人为借款人提供连带责任保证，出借人仅起诉借款人的，人民法院可以不追加保证人为共同被告；出借人仅起诉保证人的，人民法院可以追加借款人为共同被告。因此，法律允许出借人仅起诉保证人。法官在审理本案过程中，重点查明：(1) 出借人与借款人之间的债权债务是否存在，借款及还款金额是否清楚，不追加债务人是否影响事实的查明；(2) 向出借人释明是否向债务人及另一位保证人主张权利，其陈述的理由是否合理。出借人邵某考虑到借款人孙某柱及奇建公司已经失联，如果追加其参加诉讼会进一步加大诉讼成本，而本案借款人孙某柱系毛某东介绍认识，毛某东也有能力知晓孙某柱债务是否有减少或消灭的事实，并加以举证，但其未对此事实提出抗辩或举证。法院综合上述情形，未追加孙某柱参加诉讼。

编写人：天津市滨海新区人民法院　杨辰

24

反保证人的保证人保证期间认定

——北京首创融资担保有限公司诉视际佳润（北京）文化传媒有限公司等追偿权案

【案件基本信息】

1. 裁判书字号

北京市第二中级人民法院（2018）京02民终7900号判决书

2. 案由：追偿权纠纷

3. 当事人

原告（被上诉人）：北京首创融资担保有限公司（以下简称首创融资公司）

被告（上诉人）：广东盈腾融资担保有限公司（以下简称盈腾融资公司）

被告：银杏盛世生物科技有限公司（以下简称银杏公司）、视际佳润（北京）文化传媒有限公司（以下简称视际佳润公司）

【基本案情】

2013年8月，视际佳润公司向北京银行股份有限公司广安支行（以下简称北京银行）申请贷款，委托原告首创融资公司为其上述借款提供保证担保，并于2013年8月26日与原告签署《委托保证合同》（合同编号CGIG2013字第1120号）。原告在2013年11月与北京银行签订了《保证合同》，为视际佳润公司向该行贷款提供担保。在原告为其提供了担保的前提下，视际佳润公司于2013年11月与北京银行签订《借款合同》，获得贷款人民币300万元整。2013年8月26日，针对此笔借款国瑞泰融资公司与原告签订了合同编号为：CGIG2013字第1120号的《信用反担保合同》，为上述担保提供了反担保，约定对原告为被告视际佳润公司代为清偿后的代偿本金、利息、罚息、违约金、诉讼费用等承担连带保证责任，保证期间为原告代偿之日起两年，并约定了违约责任、争议解决等。2011年5月，首创融资公司、国瑞泰融资公司、盈腾融资公司三方签订《战略合作协议》，约定了合作模式、操作细则、保证责任、合作期限为五年，保证责任条款中明确“丙方（即盈腾融资公司）对乙方（国瑞泰融资公司）承担的全部项目的责任风险向甲方（即原告）承担第三方信用连带保证责任，不再逐一单笔出具保证合同。丙方在合作范围内对乙方提供的保证担保承担无限连带责任”。2015 年 1 月 27 日，首创融资公司向北京银行广安支行代偿视际佳润公司贷款 300 万元，北京银行广安支行向首创融资公司出具代偿确认书。2017 年 7 月 12 日，国瑞泰控股公司更名为国瑞顺泰控股公司。2017 年 8 月 7 日，汇款人国瑞泰控股公司向首创融资公司建行信汇 300 万元，标注视际佳润代偿还款。2017 年 10 月 31 日，国瑞顺泰控股公司出具关于代为付款的说明。

【案件焦点】

反保证人的保证人保证期间认定。

【法院裁判要旨】

北京市西城区人民法院经审理认为：连带责任保证中，保证期间是否已过，属于法院主动审查的事项；反保证人的保证期间自保证人承担保证债务之日起算；反保证人的保证人的保证期间自保证人要求反保证人承担保证责任之日起算，但以反保证人的债务未消灭为前提；当事人约定的保证期间可以少于 6 个月，也可以超过 2 年。

该案各方签订《借款合同》《保证合同》《委托保证合同》《信用反担保合同》《战略合作协议》均是真实意思表示，且不违反法律法规的强制性规定，应属合法有效，各方当事人均应按照合同的约定行使权利履行义务。各方对首创融资公司代偿事实并无异议，该院予以确认。

北京市西城区人民法院依据《中华人民共和国合同法》第八条、第六十条、第一百一十三条第一款、第一百一十四条第一款，《中华人民共和国担保法》第四条、第二十一条、第三十一条以及《最高人民法院关于审理民间借贷案件适用法律若干问题的规定》第九条，《中华人民共和国民事诉讼法》第一百四十四条之规定，判决：

一、视际佳润公司于判决生效之日起七日内向首创融资公司支付违约金十五万元；

二、国瑞泰融资担保有限公司（现名称为银杏公司）、盈腾融资公司于判决生效之日起七日内对上述款项承担连带清偿责任，履行保证责任后，国瑞泰融资担保有限公司（现名称为银杏公司）、盈腾融资公司有权向视际佳润公司追偿；

三、驳回首创融资公司的其他诉讼请求。

盈腾融资公司提起上诉。北京市第二中级人民法院经审理认为：关于涉案视际佳润公司贷款担保项目是否属于《战略合作协议》项下的合作项目。首创融资公司、银杏盛世公司、盈腾融资公司三方签订《战略合作协议》约定：合作范围仅限于除首创融资公司及区县合作机构原有项目外的新增担保项目，银杏盛世公司不得损害首创融资公司及其区县合作机构、分公司原有项目利益。首先，上述《战略合作协议》签订时间为2011年5月，合作期限为5年，涉案担保项目发生在2013年8月，故涉案担保项目发生在《战略合作协议》约定的合作期间内；能够佐证涉案项目属于《战略合作协议》项下合作项目；其次，涉案视际佳润公司贷款担保项目由银杏盛世公司向首创融资公司提供反担保，该事实能够佐证涉案项目属于《战略合作协议》项下的合作项目；最后，盈腾融资公司主张涉案项目不属于《战略合作协议》项下的合作项目，但其未提交任何证据证明该项目属于首创融资公司及区县合作机构原有项目，且《战略合作协议》关于限制合作项目的约定，系为了保护首创融资公司的利益，并非为首创融资公司设定义务。基于以上分析，本院认定涉案担保项目属于《战略合作协议》项下的合作项目，故对盈腾融资公司的该项主张，本院不予采信。

关于盈腾融资公司的涉案保证债务是否已过保证期间。依据相关法律的规定，当事人未约定保证期间，保证期间主债务履行期届满之日起六个月。本案中，依据《战略合作协议》约定，盈腾融资公司为银杏盛世公司的债务向首创融资公司提供连带保证责任，即盈腾融资公司提供保证的主债务为银杏盛世公司向首创融资公司承担的保证责任。银杏盛世公司承担保证责任的期间为2015年1月27日（首创融资公司代偿贷款之日）至2017年1月27日（保证期间两年期届满之日），在该期间内，银杏盛世公司是否承担保证责任取决于首创融资公司在该期间内是否向银杏盛世公司主张保证责任。首创融资公司于2017年1月18日向一审法院起诉要求银杏盛世公司主张保证责任，因该日期处于银杏盛世公司提供保证的期间内，故此时银杏盛世公司确定地负有向首创融资公司承担还款责任，即银杏盛世公司对首创融资公司保证的债务进入还款期间，亦即盈腾融资公司担保的主债务的履行期已经届满。因《战略合作协议》中未有关于盈腾融资公司承担保证责任期间的约定，故依据法律的规定，盈腾融资公司承担保证责任的期间为主债务履行期届满之日起六个月，即2017年1月18日（银杏盛世公司向首创融资公司确定地负有还款责任之日）至2017年7月18日（保证期间六个月期满之日）。因首创融资公司于2017年1月18日向一审法院提起本案之诉，并持续向盈腾融资公司主张承担保证责任至今，故首创融资公司向盈腾融资公司主张保证责任处于盈腾融资公司提供保证的期间之内。另，如按盈腾融资公司的主张，其保证债务已过保证期间，就会出现在主债务人承担责任期间内保证人不承担保证责任的情形，明显与《最高人民法院关于适用〈中华人民共和国担保法〉若干问题的解释》第三十二条第一款规定（保证合同约定的保证期间早于或者等于主债务履行期限的，视为没有约定，保证期间为主债务履行期届满之日起六个月）的精神相悖，有违法理。基于以上分析，本院认定盈腾融资公司的涉案保证债务未过保证期间，对其该项主张，本院不予采信。综上所述，盈腾融资公司的上诉请求不能成立，应予驳回；一审判决认定事实清楚，适用法律正确，应予维持。依照《中华人民共和国民事诉讼法》第一百七十条第一款第一项的规定，判决如下：

驳回上诉，维持原判。

【法官后语】

本案中出现了反保证人的保证人，这非常鲜见，增加了本案的处理难度。解决本案纠纷的前提是要正确认识以下法律问题。

一、保证期间是否属于法院主动审查的事项

在当事人未抗辩保证期间已过的情形下，法院是否应当主动审查。有种观点认为，保证期间与诉讼时效一样，当事人不抗辩，法院不应主动审查。法院对该事项主动审查侵害了债权人的利益，违反了居中裁判的立场。笔者不同意这种观点，理由如下：《中华人民共和国担保法》第二十六条第二款规定，连带责任的保证期间，在合同约定的保证期间和前款规定的保证期间，债权人未要求保证人承担保证责任的，保证人免除保证责任。一般保证的保证期间亦有类似规定。从上述规定来看，保证期间属于除斥期间，债权人在该除斥期间内未主张权利，保证债务消灭，也就是说，过了保证期间，债权人的实体权利消灭。而诉讼时效并非如此，诉讼时效是债权人请求公权力保护其实体权利的期间，过了诉讼时效，公权力不予保护，但债权人的实体权利并未消灭。法院之所以不主动审查诉讼时效，须以债务人的抗辩为前提，根源在于此种情形下债权人仍享有实体权利，其请求权的基础即实体权利完整的存在，仅是成为自然债务，自然债务当事人自愿履行，法院应当支持，不宜干涉。基于保证期间已过，保证债务消灭，债权人的实体权利消灭，而债权人诉讼请求成立的基础要件是其享有实体权利，这是债权人最基本的举证义务，不因债务人不抗辩而免除，法院应对请求权成立的基础要件进行审查是其必须进行的审查义务，故保证期间是否已过属于法院主动审查的事项。

二、保证期间与保证债务诉讼时效的区别和联系

保证债务极其特殊，既有保证期间又有诉讼时效，二者极易混淆。二者存在明显的不同，依据相关法律规定及学理通说，保证期间为除斥期间，不能中止、中断和延长；无论保证人是否抗辩，债权人未在该期间内向保证人主张权利，保证债务消灭，该事项属于法院主动审查的事项；当事人可以约定该期间。而诉讼时效是权利受公权力保护的期间，能中止、中断和延长；该事项依当事人的抗辩而审查，不属于法院主动审查的事项；该期间为法定期间，当事人不能通过约定排除其适用。二者亦存在紧密的关联性，在保证期间内，债权人依法向保证人主张权利，保证期间消灭，保证债务的诉讼时效开始起算。

三、保证人担保的主债务及保证期间

广义的保证人包括保证人、反保证人、反保证人的保证人。

保证人担保的主债权为主合同项下债务人所负的履行义务即违约责任或者主合同解除时债务人应当承担的民事责任，保证期间为主债务履行期间届满之日起的六个月或约定的期限，该期间属于签订担保合同时即可确定的期间。本案中，首创公司担保的主债务即为视际佳润公司向北京银行所负的还款责任及违约责任，担保期间为视际佳润公司还款义务履行期间届满之日起的两年。

反保证人担保的主债务为债务人向保证人所负的追偿债务，保证期间自保证人承担保证责任之日起计算，因为只有保证人承担保证责任后才享有对债务人追偿及要求反保证人承担保证责任的事实基础，如不以此确定，显然有违法理，该期间在

签订反担保合同时无法确定的期间。本案中，银杏公司担保的主债务为视际佳润公司对首创公司所负的追偿债务，银杏公司承担保证责任的期间为2015年1月27日（首创公司代偿贷款之日）至2017年1月27日（保证期间两年期届满之日）。

四、关于反保证人的保证人担保的主债务及保证期间

反保证人的保证人担保的主债务为反保证人向保证人所负的保证债务，保证期间为保证人要求反保证人承担保证责任之日起算。如果保证人未在反保证人的保证期间内主张权利，该保证债权消灭，亦即反保证人担保的主债务消灭，反保证人的保证人自无承担保证责任的基础，因为保证人的债权已经不存在。有种观点认为，反保证人的保证人的保证期间自保证人代偿之日起算，因为此时保证人即可向反保证人的保证人主张保证责任。笔者不同意这个观点，理由将以本案为例着重分析。

本案中，依据相关法律的规定，当事人未约定保证期间，保证期间自主债务履行期届满之日起六个月。本案中，依据《战略合作协议》约定，盈腾公司为银杏公司的债务向首创公司提供连带保证责任，即盈腾公司提供保证的主债务为银杏公司向首创公司承担的保证责任。银杏公司承担保证责任的期间为2015年1月27日（首创公司代偿贷款之日）至2017年1月27日（保证期间两年期届满之日），在该期间内，银杏公司是否承担保证责任取决于首创公司在该期间内是否向银杏公司主张保证责任。首创公司于2017年1月18日向一审法院起诉要求银杏公司主张保证责任，因该日期处于银杏公司提供保证的期间内，故此时银杏公司确定地负有向首创公司承担还款责任，即银杏公司对首创公司保证的债务进入还款期间，亦即盈腾公司担保的主债务的履行期已经届满。因《战略合作协议》中未有关于盈腾公司承担保证责任期间的约定，故依据法律的规定，盈腾公司承担保证责任的期间为主债务履行期届满之日起六个月，即2017年1月18日（银杏公司向首创公司确定地负有还款责任之日）至2017年7月18日（保证期间六个月期满之日）。因首创公司于2017年1月18日向一审法院提起本案之诉，并持续向盈腾公司主张承担保证责任至今，故首创公司向盈腾公司主张保证责任处于盈腾公司提供保证的期间之内。另，如按盈腾公司的主张，其保证债务已过保证期间，就会出现在主债务人承担责任期间内保证人不承担保证责任的情形，明显与《最高人民法院关于适用〈中华人民共和国担保法〉若干问题的解释》第三十二条第一款规定（保证合同约定的保证期间早于或者等于主债务履行期限的，视为没有约定，保证期间为主债务履行期

届满之日起六个月）的精神相悖，有违法理。

五、约定的保证期间能否少于六个月或多于二年

该问题属于本案衍生的问题，也是司法实务中困惑的问题。《中华人民共和国担保法》第二十五条第一款规定，一般保证的保证人与债权人未约定保证期间的，保证期间为主债务履行期届满之日起六个月；第二十六条第一款规定，连带责任保证的保证人与债权人未约定保证期间的，债权人有权自主债务履行期届满之日起六个月内要求保证人承担保证责任。《最高人民法院关于适用〈中华人民共和国担保法〉若干问题的解释》第三十二条规定，保证合同约定的保证期间早于或者等于主债务履行期限的，视为没有约定，保证期间为主债务履行期届满之日起六个月。保证合同约定保证人承担保证责任直至主债务本息还清时为止等类似内容的，视为约定不明，保证期间为主债务履行期届满之日起二年。从上述规定来看，相关法律允许当事人就保证期间作出约定，但就限制性规定的理解发生争议，有观点认为当事人约定的保证期间只能在六个月～二年，不能小于六个月，也不能超过二年。

一是保证期间跨越债务的履行期间，保证期间是否一律认定没有约定，适用六个月的规定。笔者认为，上述规定仅适用保证期间等于或早于主债务的履行期间，系为了解决保证合同条款之间的矛盾而作出的安排，因为依据保证合同，保证人应当承担保证责任，但依据保证期间的约定，保证人又不承担保证责任，犹如保证合同没有签订一样。权衡利益，认为保证人保证的意思表示明确，仅是保证期间的约定不发生效力，作出此种安排，不违背保证人提供保证的真实意思表示，亦不损害其合法权益。基于上述分析，既然跨越保证期间债务并不发生保证合同条款之间根本冲突的问题，当无否定该条款所有效力的必要，法院不宜干涉，仅否定债务履行期间届满前的保证期间不生效力即可，否则可能损害当事人的合法利益。比如，跨越债务履行期限的保证期间实际为三个月，强行解释为没有约定，适用六个月的规定，无疑无正当事由偏向了债权人的利益，损害了保证人的利益；又如，跨越债务履行期限的保证期间实际为六个月以上，强行解释为没有约定，适用六个月的规定，无疑无正当事由偏向了保证人的利益，损害了债权人的利益。

二是当事人明确保证期间为二年以上，保证期间是否一律认定为两年。有观点认为，约定的保证期间不能超过两年，因为在当事人约定始终承担保证责任的情形下，法律只认可二年的约定，举重以明轻，此为其一；其二，主债务的诉讼时效为

两年，超过两年的约定没有意义。笔者不同意这种观点，理由如下：首先，《最高人民法院关于适用〈中华人民共和国担保法〉若干问题的解释》第三十二条第二款并非基于保证期间最长为两年而作出该规定，而系此种约定致使保证人对承担保证责任的期间没有确定的预期实质上等同于债务加入，与保证法律关系的本质相悖。其次，该规定中的两年并非必然与诉讼时效相关，因为最高人民法院作为该解释的制定主体，未作出该解释，且如此认为，在《中华人民共和国民法总则》对诉讼时效期间已经作出更改，意味着该规定必须作出更改，但该规定仍然有效。最后，即使认为该规定中的两年与诉讼时效相关，允许约定的保证期间超过两年，对债权并非没有意义，而是意义重大。比如，约定的保证期间为五年，在主债务发生诉讼时效中断未过诉讼时效的情形下，债权人在第三年才向保证人主张保证责任，保证人应当承担保证责任，如果保证期间不能超过两年，此时保证人不承担保证责任。

编写人：北京市第二中级人民法院　韩耀斌

25

公司对外担保的合同效力认定及效果归属

——杨某诉刘某荣、深圳市金立通信设备有限公司民间借贷案

【案件基本信息】

1. 裁判书字号

北京市第一中级人民法院（2018）京01民初344号民事判决书

2. 案由：民间借贷纠纷

3. 当事人

原告：杨某

被告：刘某荣、深圳市金立通信设备有限公司（以下简称金立公司）

【基本案情】

2017年10月28日，杨某作为甲方与乙方刘某荣、担保人金立公司签订一份

《借款协议》，载明：一、借款金额：8000万元（大写：人民币捌仟万元整）。二、借款期限：借款期限为捌个月，自2017年10月28日至2018年6月28日止；实际放款起始时间与约定日期不一致的，以甲方通过银行账户向乙方银行账户实际转款的日期为准；还款时间、计息时间按本合同约定对应调整。三、借款利息：月息按2.5分计息；每满一个月偿付一次利息。四、借款本金偿还：乙方每满一个月偿还一次本金；每次偿还本金的额度为1000万元。每次偿还本金以后，相应的计息基数和计息时间重新起算。五、担保条款：担保人金立公司对乙方偿还借款的合同义务无条件地承担连带担保责任。担保范围为甲方实现债权的全部费用，包括本金、利息、罚息、诉讼费、律师费等各项综合费用……七、违约处理：如乙方逾期偿还本金及利息的，每逾期一日按千分之五计算违约金；超过三十日的，将利息及违约金转为本金，加上未清偿的本金，重新计算利息和违约金，直至清偿完毕为止。十、生效：本协议经各方签字（盖章）后生效。本合同共六份，各方各执两份……本合同若有其他未尽事宜，双方进一步商定补充条款。甲方处杨某签字，乙方处刘某荣签字，担保人处金立公司盖章。

2017年10月26日，杨某通过北京银行向刘某荣中国民生银行深圳分行深南支行账户分两笔各打入4000万元，共计8000万元。2017年12月1日，案外人向杨某账户转入200万元。杨某表示该200万元系刘某荣支付的2017年10月26日到2017年11月25日的利息，故其诉讼请求从2017年11月26日开始计算利息。诉讼中，杨某未提交证明其在订立合同时对金立公司章程、公司决议等与担保相关的文件进行了形式审查。

【案件焦点】

金立公司是否应当承担担保责任。

【法院裁判要旨】

北京市第一中级人民法院经审理认为：《中华人民共和国公司法》第十六条规定："公司向其他企业投资或者为他人提供担保，依照公司章程的规定，由董事会或者股东会、股东大会决议；公司章程对投资或者担保的总额及单项投资或者担保的数额有限额规定的，不得超过规定的限额。公司为公司股东或者实际控制人提供担保的，必须经股东会或者股东大会决议。前款规定的股东或者受前款规定的实际控制人支配的股东，不得参加前款规定事项的表决。该项表决由出席会议的其他股东所持表决权的过半数通过。”本案中，虽然担保人处加盖有金立公司公章，但杨某未能提供金立公司为担保刘某荣借款所形成的董事会、股东会或者股东大会决议，不符合公司提供担保之规定。此外，亦无证据显示杨某在订立合同时对金立公司章程、公司决议等与担保相关的文件进行了形式审查，无法认定本案构成表见代表，故金立公司关于不承担担保责任的答辩意见具有事实和法律依据，法院予以支持，对杨某的该项诉讼请求，法院不予支持。

北京市第一中级人民法院依照《中华人民共和国合同法》第八条、第六十条第一款、第一百零七条、第二百零五条、第二百零六条、第二百零七条、第二百一十条、第二百一十一条，《中华人民共和国公司法》第十六条，《最高人民法院关于审理民间借贷案件适用法律若干问题的规定》第二十六条、第三十条，《中华人民共和国民事诉讼法》第六十四条第一款、第一百四十四条之规定，判决如下：

一、刘某荣于本判决生效后十日内偿还杨某借款本金 8000 万元并支付利息（以 8000 万元为基数，自 2017 年 11 月 26 日起至实际清偿之日止，按照年利率 24% 的标准计算）；

二、刘某荣于本判决生效后十日内偿还杨某律师费 20 万元；

三、刘某荣于本判决生效后十日内偿还杨某保全费 5000 元；

四、驳回杨某其他诉讼请求。

【法官后语】

本案对于刘某荣偿还借款并支付利息等并无争议，主要焦点在于金立公司是否应当对涉案借款承担担保责任。对于司法实践中常见的公司法定代表人及其工作人员违反法定程序，未经公司股东会决议，擅自加盖公司公章对外担保，是否能够对公司产生法律上的约束力，一直有不同的观点。

笔者赞同对公司产生约束力的观点（内部关系说），该观点认为：《中华人民共和国公司法》（2018 修正）第十六条规定的公司章程限制，实质上属于公司内部的组织规范，其效力范围限于公司内部，仅能约束公司、股东及其高级管理人员，不具有对外的效力。为了保护交易的安全、稳定，实际交易中不可能要求相对人审查公司的章程等内部约束。因此，只要加盖有公司的公章，不管是否经过公司章程规定的决议程序，对外均具有效力。对内公司可要求相关人员进行责任赔偿。此外，从《中华人民共和国民法总则》第六十一条的规定看，法定代表人的行为后果也由法人承担。主张对代表权予以限制的观点（代表权限制说）认为：公司作为法律拟制的组织体，其行为必然要由自然人进行承担。法律既然赋予了公司具有独立的民事权利能力和民事行为能力，那么公司及其代表人的意思表示区分就是核心问题之一，即需要考虑对代表人的权限进行限制。《中华人民共和国公司法》第十六条关于公司对外担保的规定，是法律明确的对公司对外担保的法定限制。违反《中华人民共和国公司法》第十六条，又不能构成表见代理的，担保行为对公司不发生法律效力。

笔者认为，第二种观点更为合理。第一，公司法本质上属于团体法、组织法，必然要对相关人员的代表权范围予以限制。《中华人民共和国公司法》第十六条的规定就属于此种限制，具有天然的正当性和合理性。内部关系混淆了公司的意思表示和相关人员的意思表示，片面强调了对公司相对人的利益保护，容易引起利益失衡。第二，依据不知法不免责的原理，任何人不应以不知道法律规定为由进行免责抗辩。此种情况下，第十六条实际上赋予了相对人一定的审查义务。第三，法律赋予相对人审查义务并不是实质上的审查义务，需要对虚假文件等一一辨别，而是合理的、形式上的审查，即如果公司章程要求股东会决议，相对人需要要求公司予以出示。对于决议程序是否合法、签字是否真实则在所不问。从操作性上看并不具有重大障碍，也不会损害交易的便捷与安全。相反，对各方利益的保护更加周全。第四，《中华人民共和国民法总则》第六十一条的规定与《中华人民共和国公司法》第十六条并不冲突，《中华人民共和国民法总则》第六十一条第三款的规定不适用于公司法定代表人未经公司机关决议而对外签订担保合同的情形。对于违反《中华人民共和国公司法》第十六条的合同效力的审查，应对引入表见代表/代理制度予以解决。相对人能够证明其在订立合同时已经对公司章程规定的文件进行了审查，且决议在形式上符合法律规定的，应认定为善意相对人，担保合同对公司产生约束力。否则，则无法认定其为善意相对人，担保合同对公司不产生约束力。

具体到本案，首先，相对人杨某未能提供金立公司为担保刘某荣借款所形成的董事会、股东会决议，不符合《中华人民共和国公司法》第十六条的规定。其次，也无证据显示杨某在订立合同时对金立公司章程、公司决议等与担保相关的文件进行了形式审查，无法认定本案构成表见代表。综上，担保对金立公司不发生法律效力。

编写人：北京市第一中级人民法院　郭帅

26

开发商阶段性连带保证责任的分析

——汉口银行股份有限公司宜昌分行诉宜昌市冠峰置业有限公司金融借款合同案

【案件基本信息】

1. 裁判书字号

湖北省宜昌市中级人民法院（2018）鄂05民终1122号民事判决书

2. 案由：金融借款合同纠纷

3. 当事人

原告（被上诉人）：汉口银行股份有限公司宜昌分行（以下简称汉口银行）

被告（上诉人）：宜昌市冠峰置业有限公司（以下简称冠峰置业）

被告：杜某华、郑某芳

【基本案情】

被告杜某华与被告郑某芳系夫妻关系。2014年3月24日，原告汉口银行与被告冠峰置业签订《项目按揭贷款合作协议》，约定汉口银行给冠峰置业开发的位于宜昌市伍家岗伍临路“丽景国际”楼盘的购房人提供个人按揭贷款，冠峰置业为本楼盘贷款购房者提供无条件、不可撤销的连带保证责任。2014年12月9日，原告与被告杜某华、郑某芳、冠峰置业签订了《个人购房借款/担保合同》，主要约定如下：（1）杜某华、郑某芳购买冠峰置业开发的“丽景国际”中的13套商品房；（2）杜某华、郑某芳因购房向汉口银行按揭贷款150万元；（3）冠峰置业为杜某华、郑某芳的贷款承担阶段性保证责任。

2015年1月8日，汉口银行向杜某华、郑某芳发放贷款150万元。2016年8月25日，冠峰置业将杜某华、郑某芳名下的13套房屋产权证原件交予汉口银行。13套房屋已于2014年6月17日办理预购商品房预告登记，但一直未办理抵押预告登记或抵押登记。2016年9月27日，杜某华、郑某芳因欠他人借款被宜昌市夷陵区人民法院采取诉讼财产保全。2016年9月28日，涉案13套房屋被夷陵区法院查封。2017年1月至2月，涉案13套房屋被司法拍卖。2017年4月11日，该13套房屋被司法执行过户至他人名下。

自2016年9月开始，汉口银行得知杜某华前述13套房屋被法院查封，多次向三被告催促，但杜某华、郑某芳电话失联、下落不明，而冠峰置业认为无责，故原告宣布贷款提前到期，并诉至法院，请求判令：(1) 被告杜某华、郑某芳共同偿还原告贷款本金1246034元，并自2017年3月22日按罚息利率支付罚息直至本息全部清偿时止。(2) 被告冠峰置业对杜某华、郑某芳的上述债务承担连带清偿责任。

【案件焦点】

1. 冠峰置业的阶段性保证责任是否已免除；2. 汉口银行是否存在阻止保证责任免除条件成就的行为；3. 汉口银行和冠峰置业对担保物的灭失是否存在过错。

【法院裁判要旨】

湖北省宜昌市西陵区人民法院经审理认为：被告杜某华在原告处贷款，其妻子郑某芳为共同还款人，因此原告与杜某华、郑某芳存在金融借款合同关系，原告依约出借款项，两被告应按时足额还款。现贷款所购房屋已被其他法院查封拍卖，而杜某华、郑某芳下落不明，依合同约定原告可以宣布贷款提前到期，并要求两被告立即还款。因杜某华、郑某芳未到庭抗辩，故对原告诉称的欠款金额予以采信。原告主张按年利率8.085%计算逾期罚息，该利率标准符合合同约定，法院予以支持。

《项目按揭贷款合作协议》约定冠峰置业为购房者提供无条件、不可撤销的连带保证责任，该责任范围与《个人购房借款/担保合同》阶段性保证约定明显不同，考虑到《项目按揭贷款合作协议》系冠峰置业与原告就“丽景国际”整个楼盘所达成的贷款协议，而《个人购房借款/担保合同》系针对杜某华、郑某芳单独所签、且签订时间在后，故本案冠峰置业的保证责任应以《个人购房借款/担保合同》约定为准。

《个人购房借款/担保合同》首页明确载明“本合同由通用条款和特别约定条款构成，通用条款与特别约定条款不一致时，视为对通用条款的修改”，故冠峰置业的保证责任应首先援引特别条款。针对冠峰置业的阶段性保证责任免除情形，合同特别条款第31条明确指向引用通用条款18.2条第（2）项，而18.2条第（2）项第1条、第2条分别规定了正式抵押登记、抵押预告登记两种情形。而正式抵押登记指向引用通用条款15.8条第（1）项，抵押预告登记指向引用通用条款15.8条第（2）项。虽然15.8条第（2）项约定了“办妥预售登记备案或抵押权预告登记”两种情形，但18.2条第（2）项第2条中仅出现“抵押权预告登记”，未出现“预售登记备案”，可见18.2条第（2）项第2条不包括预售登记备案这一情形。因此，只有在涉案房屋办理正式抵押或抵押预告登记时，冠峰置业的阶段性保证责任才能免除。

《个人购房借款/担保合同》第18.6条约定“冠峰置业不得以贷款人未先就其他担保实现债权为由拒绝承担本合同项下保证责任，原告放弃任何担保的（包括但不限于任何借款人或其他任何提供的抵押、质押等物的担保），保证人的保证责任不以任何方式减少或免除”，因此，冠峰置业抗辩保证责任免除，与合同约定不符。

被告冠峰置业辩称依据《中华人民共和国担保法》第二十八条“同一债权既有保证又有物的担保的，保证人对物的担保以外的债权承担保证责任。债权人放弃物的担保的，保证人在放弃权利的范围内免除保证责任”的规定。1. 冠峰置业于2016年8月25日向原告交付涉案房屋不动产权证，2016年9月28日房屋即被法院查封，间隔1个月未能办理抵押登记，不能据此认定原告放弃物的担保。2. 冠峰置业所述《中华人民共和国担保法》的条款与《中华人民共和国物权法》第一百七十六条规定不一致，按新法优于旧法原则，应适用《中华人民共和国物权法》第一百七十六条“被担保的债权既有物的担保又有人的担保……债权人应当按照约定实现债权……”3. 涉案13套房屋被司法拍卖前均未办理抵押登记，故抵押权未设立，被告辩称的物的担保亦不存在。

湖北省宜昌市西陵区人民法院依照《中华人民共和国合同法》第六十条、第一百零八条、第二百零五条、第二百零六条、第二百零七条，《中华人民共和国物权法》第一百七十六条，《中华人民共和国民事诉讼法》第一百四十四条，《最高人民法院关于进一步加强民事送达工作的若干意见》第七条、第八条，《最高人民法院关于适用〈中华人民共和国民事诉讼法〉的解释》第九十条之规定，作出如下判决：

一、被告杜某华、郑某芳应在本判决生效后十五天内，向原告汉口银行偿还截止到2017年3月22日时的贷款本金1246034元。杜某华、郑某芳并以本金1246034元为基数，按年利率8.085%向原告支付逾期罚息，逾期罚息自2017年3月23日计算至债务全部清偿时止；

二、被告冠峰置业对杜某华、郑某芳上述债务承担连带清偿责任。

宜昌市冠峰置业有限公司提起上诉。

湖北省宜昌市中级人民法院经审理认为：针对冠峰置业公司的阶段性保证责任免除情形，三方签订的《个人购房借款/担保合同》特别条款第31条指向通用条款18.2条第（2）项，而该项的第1条、第2条又分别指向第15条第（8）项第1点约定的正式抵押登记手续已办理完毕、第15条第（8）项第2点约定的抵押权预告登记手续已办理完毕两种情形才能免除保证责任。本案中，杜某华拟设立抵押的房屋未办理抵押权预告登记，亦未办理正式抵押登记。因此，从合同约定的情形来看，冠峰置业公司保证责任免除的条件尚未成就。但该免除保证责任的条件未成就是否是汉口银行宜昌分行的责任，及汉口银行宜昌分行是否存在阻止保证责任免除条件成就的行为，法院分述如下：

一、关于正式抵押登记手续的办理。合同第15条8项第1点约定“本合同签订后，抵押人应及时到有关登记机关办理抵押登记手续……”可见，合同约定的办理抵押登记手续的义务人是抵押人（即借款人杜某华），并不是汉口银行宜昌分行。上诉人亦未举证证明汉口银行宜昌分行存在不配合、故意拖延等阻止办理正式抵押登记手续的行为，故涉案房屋因被法院查封未能完成正式抵押登记，汉口银行宜昌分行不存在过错。

二、关于抵押权预告登记手续的办理。合同第15条第（8）项第2点约定“抵押物为尚未取得产权的房屋的，应在本合同签订之日起30天内或贷款人另行要求的合理时间内办妥预售登记备案或抵押权预告登记手续……”该条虽未写明办理预售登记备案或抵押权预告登记手续的义务人，但从该条文的字义及上下文的约定来看，应当理解为售房人和购房人，而不是汉口银行宜昌分行。且事实上，涉案房屋办理完成预售登记备案也是在签订《个人购房借款/担保合同》之前。可见，汉口银行宜昌分行没有合同义务办理抵押权预告登记手续，且上诉人亦未举证证明汉口银行宜昌分行存在不配合、故意拖延等阻止办理抵押权预告登记手续的行为，故涉案房屋未办理抵押权预告登记手续，不能归责于汉口银行宜昌分行。

因此，上诉人认为汉口银行宜昌分行为自己的利益，违反合同约定，怠于履行合同义务，事实上不正当地阻止了担保责任免除的条件成就，应视为条件已经成就，上诉人的保证责任应当免除的主张，法院不予采信。

湖北省宜昌市中级人民法院依照《中华人民共和国民事诉讼法》第一百七十条第一款第一项之规定，作出如下判决：

驳回上诉，维持原判。

【法官后语】

本案系购房者拖欠贷款后“跑路”，而房屋未办理抵押，被其他债权人另案查封，银行遂起诉开发商承担连带保证责任。本案所涉情形，在实践中多发，具有一定指导意义。笔者结合本案谈一下几点想法：

一、阶段性连带保证合同的性质

在商品房预售买卖交易中，开发商希望早日回收资金减轻压力，但买受人并未取得不动产登记证，无法办理以银行为抵押权人的抵押权证，银行在没有增信措施的情况下不愿意放款。开发商为了促成交易，解决银行在放款日至取得房屋抵押权证期间无任何增信措施的问题，愿意在此期间提供连带责任保证，待银行取得抵押权证后，不再承担保证责任，阶段性保证应运而生。从阶段性保证制度的设立初衷来看，是为了解决贷款风险敞口期的问题，加快房屋买卖的进程。因此，阶段性连带保证合同，是一种附解除条件的合同，即一旦抵押登记（或合同约定其他条件）办妥，开发商即免除保证责任。在此之前，开发商作为连带保证人，要对银行贷款承担保证责任。

二、混合担保中的先后清偿顺序

实践中，银行的贷款担保方式往往既有抵押（或质押）又有保证。前者俗称物保，后者俗称人保。民法理论上将这类同时存在物保、人保的担保称为混合担保。

同一债权上物保和人保并存时，债权的清偿顺序，《中华人民共和国担保法》《最高人民法院关于适用〈中华人民共和国担保法〉若干问题的解释》《中华人民共和国物权法》在立法上有一个发展过程。1995年颁布的《中华人民共和国担保法》第二十八条第一款规定“同一债权上既有保证又有物的担保的，保证人对物的担保以外的债权承担保证责任”，该条被理解为“债务人先行主义”，即在债务人自己提供物保情况下，优先以债务人的担保物清偿，可以避免日后出现的保证人向债务人追偿问题，减少诉累。2000年颁布的《最高人民法院关于适用〈中华人民共和国担保法〉若干问题的解释》第三十八条第一款规定：“同一债权既有保证又有第三人提供物的担保的，债权人可以请求保证人或者物的担保人承担担保责任”，此解释弥补了《中华人民共和国担保法》当时的立法空白，将物保区分为债务人自己提供物保、第三人提供物保，并在针对第三人物保情形下赋予债权人选择权。2007年颁布的《中华人民共和国物权法》第一百六十七规定，债权既有物保又有人保时，首先按约定实现债权；没有约定或约定不明的，债务人自身提供物保的，债权人应先就该物的担保实现债权；第三人提供物保的，债权人既可以就物保实现债权，也可以要求保证人实现债权。可见《中华人民共和国物权法》作为后来者，对《中华人民共和国担保法》《最高人民法院关于适用〈中华人民共和国担保法〉若干问题的解释》进行了继承发展，将混合担保中清偿顺序进行了完善，这一顺序被学界简称为“约定主义优先+第三人优待主义+债权人选择主义”。

三、混合担保中物保未设立，对人保的影响

物的担保行为具有债权物权二元性，担保合同成立生效是前提，办理登记或交付质物使得担保物特定化，才是担保物权设立的必备条件。债务人提供物保的，若债务人不办理抵押登记或交付质物，甚至私自处分抵押物、质物，均是一种明显的违约行为，主观上具有逃避债务、转嫁风险给其他保证人的恶意。另一情况，若债权人不积极行使合同权利，怠于配合债务人办理抵押登记或接受质物，甚至主动放弃物保，导致担保物权无法实现，也将对其他保证人利益产生重大影响。从公平原则考虑，债权人作为担保物权的最终受益人，其不作为的行为，应视为权利的自行放弃，故其他保证人在物保放弃的范围内应免除相应的责任。例如，《中华人民共和国物权法》第一百九十四条第二款规定，“债务人以自己的财产设定抵押，抵押权人放弃该抵押权、抵押权顺位或变更抵押权的，其他担保人在抵押权人丧失优先受偿权益的范围内免除担保责任”，《中华人民共和国物权法》第二百一十八条规定：“……债务人以自己的财产出质，质权人放弃该质权的，其他担保人在质权人丧失优先受偿权益的范围内免除担保责任……”

本案中，物保未设立，债权人即汉口银行一无过错，二未主动放弃，因此人保即冠峰置业公司不能免除保证责任。

四、因第三人原因导致解除条件未成就时，开发商有无保证责任

这里的第三人原因，主要是指因案外因素或房屋登记机构的迟延办理，致使房屋被另案查封或被他人善意取得而无法办理抵押登记的情形。这种情况下，其实债权人银行、保证人开发商均无过错，责任的承担实际是谁承担风险问题。笔者认为，按一般法理，如果当事人之间对此有约定的，从其约定。如果没有约定的，因阶段性保证制度设立初衷在于解决银行风险敞口期，避免无增信措施的空档期，故应由开发商承担不能办理抵押的风险。即在此情形下，开发商的阶段性保证责任不能免除。

五、办理抵押登记或抵押预告登记的义务主体

我国《城市房地产抵押管理办法》是规范抵押登记的部门规章，该办法第三十二条规定，办理抵押登记，应向登记机关提供抵押当事人的身份证明或法人资格证明、抵押登记申请书、抵押合同……等资料。条文中并未规定办理抵押登记或抵押预告登记的义务主体。即开发商、购房者、银行均可办理，并非限定某一方。实践中，大量的房产开发商、中介经纪公司代为办理抵押手续，均属合法有效。因此，关于办理登记的义务人，当事人之间若有约定，从其约定。若无约定，则任何一方均可办理。

回到本案中，如二审判决书所言，从双方的合同条文“本合同签订后，抵押人应及时到有关登记机关办理抵押登记手续……”“应在本合同签订之日起30天或贷款人另行要求的合理时间内办妥预售登记备案或抵押权预告登记手续……”可见办理登记义务人是购房者，而不是银行。因此，银行不是合同约定的登记义务人，不承担未能登记的不利后果。

编写人：湖北省宜昌市西陵区人民法院　周云

27

未约定保证方式，应视为连带责任保证

——徐某兰诉刘某群保证合同案

【案件基本信息】

1. 裁判书字号

吉林省白山市中级人民法院（2018）吉06民终365号民事判决书

2. 案由：保证合同纠纷

3. 当事人

原告（被上诉人）：徐某兰

被告（上诉人）：刘某群

【基本案情】

因姜某欠徐某兰借款，2015年10月12日徐某兰自书借欠条一张，载明“今有姜某借徐某兰人民币贰拾万元整（20万元整）月息3分，2017年5月末还清”姜某在欠条的欠款人处签名并捺印，刘某群在该欠条的担保人处签名并捺印。上述借款实际发生在2014年10月。借款到期后，姜某已给付借款利息至2017年3月12日，尚欠借款本金20万元及2017年3月12日之后的利息未偿还。现徐某兰诉至法院，要求刘某群承担保证责任偿还上述借款本息。

【案件焦点】

双方未约定保证方式，是否应视为连带责任保证。

【法院裁判要旨】

吉林省抚松县人民法院经审理认为：徐某兰与刘某群之间的保证合同系双方的真实意思表示，应属有效。本案双方未约定保证方式，应视为连带责任保证。故徐某兰要求刘某群偿还诉争借款20万元及利息的请求，于法有据，法院予以支持。

刘某群作为诉争借款的保证人承担保证责任后，有权向借款人姜某追偿。庭审中徐某兰自认诉争借款利息已由姜某偿还至2017年3月12日，故借款利息应自2017年3月13日开始计算至欠款偿清之日，徐某兰主张按约定月利息3%支付利息，该利率超出法定月利率2%标准，其超出部分，法院不予支持。

吉林省抚松县人民法院依照《中华人民共和国担保法》第十八条、第十九条、第二十一条、第三十一条，《最高人民法院关于审理民间借贷案件适用法律若干问题的规定》第二十六条、第二十九条，《中华人民共和国民事诉讼法》第一百四十四条的规定，作出如下判决：

一、被告刘某群于本判决生效之日起五日内偿还原告徐某兰借款本金20万元及其利息（利息自2017年3月13日起至欠款偿清之日止按月利率2%计算）；

二、被告承担保证责任后，有权向借款人姜某追偿；

三、驳回原告的其他诉讼请求。

刘某群不服一审判决，提起上诉。

吉林省白山市中级人民法院经审理认为：刘某群对本案徐某兰提供的《欠条》内容无异议，该欠条虽标明“欠条”字样，但内容显示为借款，且借款人姜某、担保人刘某群均签字认可，徐某兰与姜某之间应系借款关系。刘某群作为该笔借款的担保人未与徐某兰约定保证方式，刘某群作为本案借款纠纷的连带责任保证人，是适格的诉讼主体。一审法院依法认定徐某兰要求刘某群偿还诉争借款200000元及利息的请求于法有据，判决予以支持，并无不当。本案借款《欠条》约定，主债务履行届满期限为2017年5月31日，徐某兰向一审法院提起诉讼的时间为2017年11月27日，故刘某群的保证责任并未免除。

吉林省白山市中级人民法院依照《中华人民共和国民事诉讼法》第一百七十条第一款第一项之规定，作出如下判决：

驳回上诉，维持原判。

【法官后语】

民间借贷是自然人之间重要的借款形式，但借款如何保证偿还，因自然人很难做到抵押担保，故担保人成为借款主要保证。根据《中华人民共和国担保法》第十九条的规定，当事人对保证方式没有约定或者约定不明确的，按照连带责任保证承担保证责任。第十八条第二款的规定，连带责任保证的债务人在主合同规定的债务履行期届满没有履行债务的，债权人可以要求债务人履行债务，也可以要求保证人在其保证范围内承担保证责任。刘某群作为本案借款纠纷的连带责任保证人，是适格的诉讼主体。一审法院依法认定徐某兰要求刘某群偿还诉争借款20万元及利息的请求于法有据，判决予以支持，并无不当。本案借款《欠条》约定，主债务履行届满期限为2017年5月31日，徐某兰向一审法院提起诉讼的时间为2017年11月27日，《中华人民共和国担保法》第二十六条规定，连带责任保证的保证人与债权人未约定保证期间的，债权人有权自主债务履行期届满之日起六个月内要求保证人承担保证责任。故刘某群的保证责任并未免除。

编写人：吉林省白山市中级人民法院　张伟

28

与借款人在同一借条上签名并非必然认定为借款保证人

——史某虎诉滑某西担保合同案

【案件基本信息】

1. 裁判书字号

江苏省南京市六合区人民法院（2018）苏0116民初4号民事判决书

2. 案由：担保合同纠纷

3. 当事人

原告：史某虎

被告：滑某西

【基本案情】

2014年5月23日，史某虎向案外人唐某银账号为320123130110900012××××的紫金农商银行账户存入30万元。同年6月1日，唐某银向史某虎书写一份借条，载明："今借到史某虎现金伍拾万元整（500000.00，此款全年付息壹拾伍万元整，半年付息一次)。”借条下方落款处依次为被告滑某西、唐某银及唐某银妻子高某华的签名。另外，借条右下方还加盖有唐某银经营的六合区万德福粮油加工厂的印章及唐某银的印章。

关于借款的交付及借条的形成，史某虎庭审中陈述，唐某银经滑某西介绍向其借款50万元，2014年5月23日，其向唐某银银行账户存入30万元，同年6月1日有唐某银妻子高某华在场的情况下，其在唐某银住处又借给唐某银现金20万元，合计借款50万元。为利息计算方便，两次借款写入一个借条，借条载明的借款日期为2014年6月1日。唐某银写好借条后，唐某银妻子高某华作为共同借款人在借条上签名，稍后滑某西作为担保人在借条上签名。

滑某西辩称，史某虎、唐某银均是其朋友，他们一个从事民间放贷，另一个从事粮食加工。唐某银因经营需要资金，经他介绍与史某虎相识。2014年6月1日，史某虎、唐某银在唐某银的住处让他在已写好的借条上签字，至于史某虎出借给唐某银钱款的具体数额、钱款的给付过程及后来借款的归还情况、利息支付情况他均不知情。2017年10月，唐某银因经营不善跑路了，史某虎找到他问借款怎么办，他说帮忙联系唐某银后一直联系不上。故其不是涉案借款的担保人，而只是作为介绍人、见证人在借条上签名，不应承担担保责任。

【案件焦点】

与借款人在同一借条上签名是否必然认定为借款保证人。

【法院裁判要旨】

江苏省南京市六合区人民法院经审理认为：当事人对自己提出的诉讼请求所依据的事实或者反驳对方的诉讼请求所依据的事实有责任提供证据加以证明。没有证据或者证据不足以证明当事人的事实主张的，由负有举证责任的当事人承担不利后果。《最高人民法院关于审理民间借贷案件适用法律若干问题的规定》第二十一条规定：“他人在借据、收据、欠条等债权凭证或者借款合同上签字或者盖章，但未表明其保证人身份或者担保责任，或者通过其他事实不能推定其为保证人，出借人请求其承担保证责任的，人民法院不予支持。”在本案中，原告提供了紫金农商银行存款凭条一份及借条一份，拟证明其出借钱款50万元给案外人唐某银、高某华，被告滑某西对借款及利息承担担保责任的事实。其中借条下方落款处签名的排序依次为滑某西、唐某银、高某华，但滑某西是最后签名的。由于滑某西的签名前未写明保证人或担保人等字样标明其为保证人身份或者承担担保责任，庭审中原告也未提供其他证据证明被告在借条上签名为保证的意思表示，故原告仅依据借条中被告的签名主张被告为保证人，并要求被告对借条中50万元借款及相应利息承担连带担保责任，证据不充分，法院不予支持。综上，依照《最高人民法院关于审理民间借贷案件适用法律若干问题的规定》第二十一条，《中华人民共和国民事诉讼法》第六十四条第一款，《最高人民法院关于民事诉讼证据的若干规定》第二条之规定，判决如下：

驳回原告史某虎的诉讼请求。

【法官后语】

本案作为借款担保纠纷，涉及的主要问题是滑某西在借条落款处签名，是否可以认定其为借款保证人？

民间借贷往往立足于“熟人关系”和“个人信用”，要么发生在亲戚、朋友、同事等熟人之间，要么与熟人存在直接或间接的关联。与金融借贷相比，民间借贷合同无论在内容上还是形式上，都经常呈现出不规范、不完备的特征。例如，利息、还款时间约定有歧义，签字盖章手续不完备，提供担保的意思表示不明确等。审判实务中相当一部分纠纷系对借条、欠条等借款凭证中的语句解读不一致产生争执，进而引发矛盾形成诉讼。由于具有“人格化金融”的特点，民间借贷中作为借贷一方或双方当事人的亲戚、朋友、同事抑或其他社会关系的人，会以某种身份或基于某一原因在借款协议上签名或盖章，而这种签名或盖章，有时是表明其为债务履行的保证人，有时是表明其为借贷发生的见证人、介绍人或者中间人。那么如何判断、认定相应的签名或盖章行为是对保证人身份的记载，具有保证责任的意思表示，并据此确定保证责任的承担主体？

保证是《中华人民共和国担保法》（以下简称《担保法》）规定的一种债权担保方式，与担保物权相对。根据《担保法》第六条的规定，保证是指保证人和债权人约定，当债务人不履行债务时，保证人按照约定履行债务或者承担责任的行为。保证实际上是以债权人与债务人以外的第三人的信用作为履行债务的担保，增加了债务实现的可能性，是一种常见的民间借贷担保方式。由于保证合同是一种单务合同，保证人不享有债权人的对待给付义务，故保证合同对保证人而言具有一定的严苛性，实务中应结合案件的具体实际，妥善确定保证合同成立的构成要件。首先，关于保证合同的形式要求。《担保法》第十三条规定，保证人与债权人应当以书面形式订立保证合同。除正式的书面合同外，根据《最高人民法院关于适用〈中华人民共和国担保法〉若干问题的解释》第二十二条规定，第三人单方以书面形式向债权人出具担保书，债权人接受且未提出异议的，保证合同成立。主合同中虽然没有保证条款，但是，保证人在主合同上以保证人的身份签字或者盖章的，保证合同成立。其次，关于保证合同的内容。在借贷关系形成过程中，第三人在主合同即借款合同上签字或盖章，往往基于某种原因或目的，未标明其保证人身份或者承担保证责任，此时如果仅仅以签字或盖章的形式确定保证关系的存在与否，必然会造成保证范围的不当扩张，需要针对不同的情形具体分析。第一种情形为在借款合同中仅有签字或者盖章，但有其他证据证明其签字或盖章具有保证的意思表示。该其他证据包括借贷合同中已有第三人签字或盖章具有保证作用的条款，或过往的交易习惯中签名即具有保证的意思表示，或磋商过程中形成的往来函件、通信记录中已对保证形式另行进行了明确的说明或约定等。第二种情形为作为见证人、中间人或介绍人在借款合同中签名或盖章，此种情形不能认定保证关系的存在。所谓见证人，就是参与借贷过程、目睹借贷关系发生的人，将其记载于借贷合同或借贷凭证之中，目的在于防止一旦双方发生争议无相关第三方加以证明。所谓中间人，也称为介绍人，是指向出借人或借款人传递信息，说合借贷，为借款关系的发生提供机会或媒介服务的人。此二种情形下，无论是当事人订立保证合同，还是第三方单方出具保证书或以保证人身份签字或盖章，均需以第三人有明确的承担保证责任的意思为前提。若根本欠缺承担保证责任的意思内容，即使在相关债权人凭证上签字或盖章，仍然不能认定保证关系成立。最后，就本案而言，被告滑某西与案外人唐某银、高某华在借条下方签名，根据原告的陈述及被告的答辩，从形式上看有两种可能性：或者是保证人或介绍人，或者是借款保证人。由于借条上仅有滑某西的签名，原告针对被告的抗辩未提供其他的证据进一步证实滑某西在借条上签名时有保证的意思表示，故该签名仅能证实滑某西具有见证人或介绍人的身份，不是涉案借款的保证人，故无须承担保证责任。

编写人：江苏省南京市六合区人民法院　黑长保

29

在保证期间内向承担连带保证责任中的一人主张权利的效力及于其他保证人

——江阴长三角农村小额贷款有限公司诉江苏龙升节能科技股份有限公司追偿权案

【案件基本信息】

1. 裁判书字号

江苏省无锡市中级人民法院(2018)苏02民终4100号民事裁定书

2. 案由:追偿权纠纷

3. 当事人

原告(被上诉人):江阴长三角农村小额贷款有限公司(以下简称长三角公司)

被告(上诉人):江苏龙升节能科技股份有限公司(以下简称龙升公司)

【基本案情】

2014年7月10日,钱某明与龙升公司、长三角公司签订只用作土管局办理他项权证的借款协议,约定龙升公司向钱某明借款2000万元,用于生产经营,借款期限自2014年3月至2014年5月,借款利率为月利率2%,在借款到期之日与本金一并支付。如龙升公司到期不能偿还借款,应当承担钱某明为此支付的费用,包括但不限于诉讼费、律师费等费用。长三角公司自愿对龙升公司的上述债务承担连带担保责任,担保期限为直至本息全部结清为止,担保范围包括借款本金、利息等及实现债权的费用包括但不限于诉讼费、律师费等一切费用,长三角公司作为担保人在借款协议上盖章。同时,龙升公司与长三角公司签订最高额抵押合同,约定龙升公司以其名下坐落于无锡市广益镇黄泥头村锡北路888号国有土地使用权[土地证号锡崇国用（2004）第217号］为长三角公司的担保提供反担保，并于2014年7月11日办理了抵押登记手续［锡崇他项（2014）第16号］，权利价值为2000万元，约定的抵押担保范围为债务人依据主合同与抵押权人发生的全部债务本金、利息、逾期利息、复利、罚息、违约金、抵押权人依据主合同约定提前收贷产生的可得利息损失、损害赔偿金以及抵押权人实现债权的一切费用（包括但不限于诉讼费、执行费、抵押物保管费、处置费、过户费、律师费、差旅费）和其他应付的费用。

2015年6月30日，钱某明诉龙升公司、郑某理、郑某普民间借贷纠纷一案经江苏省无锡市中级人民法院调解出具（2015）锡民初字第53号民事调解书，载明“一、双方确认，截至2015年6月23日，龙升公司结欠钱某明19670167元及截止2014年9月30日的利息350768元，龙升公司同意在2015年7月28日前一次性归还上述本息；二、龙升公司同意在2015年7月28日前一次性支付利息（自2014年10月1日起，以实欠本金19670167元为基数按年息20%计算）……五、郑某理、郑某普对上述龙升公司的付款承担连带责任”等内容。

2017年12月31日，长三角公司（甲方）与钱某明（乙方）签订协议一份，约定：截至2014年6月，龙升公司结欠乙方（江阴福庄投资咨询服务部）借款本金2000万元以及相应利息等费用，甲方为此向乙方提供担保。2014年7月11日，龙升公司将其广益镇黄泥村（锡北路888号）房地产向甲方提供抵押反担保，反担保范围为乙方承担的全部债务本金、利息、逾期利息、复利、罚息、违约金以及可得利息损失、损害赔偿金及实现债权的费用（包括但不限于诉讼费、执行费、抵押物处置费、过户费、律师费、差旅费）。承担抵押反担保责任限额为2000万元。目前债务人尚未支付乙方本息，乙方一直向甲方主张权利。经甲、乙双方多次协商，达成如下协议：1. 甲方为债务人龙升公司结欠乙方的利息、逾期罚息（至2017年12月31日）合计1330万元承担担保支付责任。2. 甲方于2018年1月15日前支付上述1330万元。3. 甲方如期付清上述1330万元后，甲方不再承担担保责任。其余款项由乙方向债务人自行主张。若逾期支付，仍应在2000万元范围内承担剩余担保责任。4. 甲方支付1330万元后自行主张对债务人房地产反担保抵押权。

协议签订后，长三角公司分别于2017年8月17日、2017年9月3日、2017年10月31日、2017年12月27日、2018年1月2日代龙升公司偿还给钱某明利息款

10万元、600万元、20万元、200万元、500万元，合计1330万元，钱某明确认收到长三角公司的银行承兑汇票，并在银行承兑汇票的收件上均注明系长三角公司代龙升公司偿还的款项（利息罚息）。

龙升公司就名下坐落于无锡市广益镇黄泥村（锡北路888号）的土地及地上建筑物分别为其他债权设立了抵押权。

【案件焦点】

长三角公司向龙升公司的还款行为属于履行担保之责，还是免除保证责任以后的自愿代偿行为。

【法院裁判要旨】

江苏省江阴市人民法院经审理认为：保证人承担保证责任后，有权向债务人追偿。在本案中，长三角公司承担了相应的保证责任，代龙升公司向钱某明偿还了借款利息1330万元，现长三角公司要求龙升公司立即返还代偿款1330万元及该款自2018年5月2日起至实际给付之日止按照中国人民银行同期同类贷款基准利率计算的利息，依法予以支持。对于龙升公司提出的长三角公司的保证责任已于2016年5月底就消灭了，此后的还款系其单方面自愿行为，与其他公司无关的抗辩意见，法院认为，江苏省无锡市中级人民法院作出的（2015）锡民初字第53号民事调解书中钱某明虽未对长三角公司提起诉讼，但已对其他的连带保证人提起了诉讼，故长三角公司的保证责任并未消灭，故法院对龙升公司的上述抗辩意见依法不予采信；对于龙升公司提出的对长三角公司的代偿事实存疑、对长三角公司的付款情况毫不知情的抗辩意见，长三角公司已提供了钱某明出具的收据来证明长三角公司已履行了保证责任，而龙升公司对长三角公司代偿事实未有反证证明其主张，故法院对龙升公司的上述抗辩意见依法不予采信；对于龙升公司提出的长三角公司与钱某明存在恶意串通，虚假诉讼可能的抗辩意见，因龙升公司未提供足够的证据来证明其主张，故法院对龙升公司的上述抗辩意见依法不予采信；对于龙升公司提出的长三角公司主张的律师费超过江苏律师收费标准，且没有提供相应的付款凭证，不能证明是真实的律师费支出的抗辩理由，对此，长三角公司在审理中已将律师费调整为44万元，该收费符合相应的收费标准，故法院对长三角公司要求龙升公司承担律师费44万元的诉讼请求依法予以支持。

《中华人民共和国物权法》第一百八十二条规定，以建设用地使用权抵押的，该土地上的建筑物一并抵押。抵押人未依照前款规定一并抵押的，未抵押的财产视为一并抵押。依据该规定，当事人应对土地使用权及其地上建筑物一并抵押，如果当事人未按照该条第一款规定一并抵押时，则法律直接规定“视为一并抵押”。即只要土地使用权或地上建筑物之一项办理抵押登记，即使另外一项没有办理抵押登记，亦依法推定为两者一并抵押。在本案中，龙升公司以其名下坐落于无锡市广益镇黄泥头村锡北路888号国有土地使用权向长三角公司提供了抵押反担保并办理了抵押登记手续，长三角公司依法对该抵押财产享有优先受偿权。因土地他项权利证明书中未注明抵押物包括地上建筑物，根据上述规定，案涉地上建筑物也应视为一并抵押，故长三角公司亦应就本案享有的债权依法对案涉地上建筑物享有优先受偿权，又因案涉土地及地上建筑物均为其他债权设立了抵押担保，故长三角公司在实现其抵押权时应在其他抵押权人实现抵押权后的余值在确定的债权范围内优先受偿。

江苏省江阴市人民法院依照《中华人民共和国担保法》第十二条、第二十六条，《中华人民共和国物权法》第一百七十九条、第一百八十二条，《最高人民法院关于适用中华人民共和国担保法若干问题的解释》第二十条之规定，作出如下判决：

一、龙升公司应于本判决发生法律效力之日起十日内归还长三角公司代偿款1330万元，并支付自2018年5月2日起至实际给付之日止以1330万元为基数按中国人民银行同期同类贷款基准利率计算的利息；

二、龙升公司应于本判决发生法律效力之日起十日内赔偿长三角公司律师费损失44万元；

三、长三角公司对龙升公司名下坐落于无锡市广益镇黄泥头村锡北路×××号土地［锡崇他项（2014）第16号］及其地上建筑物以折价或以拍卖、变卖的价款在其他抵押权人实现抵押权后的余值在上述第一、二项判决主文确定的债权范围内享有优先受偿权。

龙升公司不服一审判决，提起上诉。江苏省无锡市中级人民法院经审理认为：审理过程中，上诉人江苏龙升节能科技股份有限公司未在指定的期限内缴纳诉讼费。

依据《中华人民共和国民事诉讼法》第一百五十四条第一款第十一项，《最高人民法院关于适用〈中华人民共和国民事诉讼法〉的解释》第三百二十条的规定，作出如下裁定：

本案按上诉人江苏龙升节能科技股份有限公司自动撤回上诉处理。一审判决自本裁定书送达之日起发生法律效力。

【法官后语】

对于长三角公司向钱某明还款的行为，有观点认为钱某明在保证期间内也即合同约定的还款期限届满后两年内未向长三角公司主张权利，其在向无锡中院提起诉讼时也未将长三角公司列为被告，因此，根据《中华人民共和国担保法》关于“在合同约定的保证期间和前款规定的保证期间，债权人未要求保证人承担保证责任的，保证人免除保证责任”的规定，长三角对钱某明的保证责任已经免除，因此，龙升公司对长三角公司就钱某明的债务担保提供房产抵押进行反担保的义务亦归于消灭。长三角公司于2017年8月17日至2018年1月2日向钱某明还款的行为属于自愿代偿行为，不产生担保人代主债务人还款的效力，龙升公司作为主债务人只在代偿行为受益范围即代偿本息范围之内承担偿还之责，长三角公司也就不得就龙升公司因反担保提供的房产抵押主张优先权。

对此，笔者认为此观点既与案件的事实不符，也与现行法律、司法解释的规定内容相违背，根据《最高人民法院关于审理民事案件适用诉讼时效制度若干问题的规定》第十七条第二款的规定：“对于连带债务人中的一人发生诉讼时效中断效力的事由，应当认定对其他连带债务人也发生诉讼时效中断的效力”。在本案中，钱某明与龙升公司之间的债权债务除长三角公司提供连带责任保证外，另有郑某理、郑某普也为该债务提供了连带责任保证，且长三角公司、郑某理、郑某普就其担保均未约定份额，故属于连带共同保证，相互之间构成连带债务关系，当然适用法律关于连带债务诉讼时效中断的此条规定。同时，《最高人民法院关于已承担保证责任的保证人向其他保证人行使追偿权问题的批复》规定：“承担连带责任保证的保证人一人或者数人承担保证责任后，有权要求其他保证人清偿应当承担的份额，不受债权人是否在保证期间内向未承担保证责任的保证人主张过保证责任的影响”，根据该批复的规定，如果部分保证人在保证期间内向债权人承担了保证责任，其他没有在保证期间内被债权人主张权利的保证人仍应在其份额之内向已经承担保证责任的保证人承担相应的份额。其法理依据在于，对于连带保证人之间形成的此种连带债务，债权人对其中一个保证人在保证期间主张债权的话，不仅对该保证人产生开始计算并中断诉讼时效的效力，而且对其他保证人也产生开始计算并中断诉讼时效的效力；同理，连带共同保证中的一人在保证期间内向债权人承担保证责任的话，对其产生开始计算并中断诉讼时效的效力及于其他保证人。究其本质，原因在于根据法律规定债权人可以向连带共同保证中的一人主张权利，任一保证人均有义务承担全部保证责任，也即债权人享有选择权，既可以向全部保证人主张全部保证责任，也可以向一个或部分保证人主张全部保证责任，如果债权人必须就全部保证人在各自的保证期间主张权利，那么债权人就不享有选择的权利，否则即会因为保证期间及诉讼时效的原因丧失相应的权利，与法律、司法解释关于连带共同保证的立法本意不符，亦与批复中保证人追偿不受债权人有无在保证期间内主张权利的限制规定不符。本案中，钱某明在保证期间内通过诉讼形式向其他连带共同保证人郑某理、郑某普主张了权利，对长三角公司亦产生计算并中断诉讼时效的效力，长三角公司在2017年12月31与钱某明签订协议的时候仍未超过诉讼时效，故其向钱某明还款的行为属于履行保证人责任，故龙升公司需就其提供的抵押房产承担反担保责任。

此外，需要说明的一点是，笔者认为对于此种连带共同保证人应当为同一时期就同一债务提供担保的保证人，如果债权人对所有保证人均未在保证期间主张权利导致这些保证人保证责任免除的话，即使再有当事人提供连带责任保证，债权人向该保证人主张权利或保证人主动承担保证责任的行为均不对前述已经全部超过保证期间而免除保证责任的保证人产生计算并中断诉讼时效的效力，否则将会使前述保证人的权利处于不确定的真空状态，加重其责任，亦将产生道德风险。

编写人：江苏省江阴市人民法院　金桂华　冯海

30

非法吸收公众存款罪与合同类案件民刑交叉情形下的合同效力认定

——常某诉段某保证合同案

【案件基本信息】

1. 裁判书字号

北京市第三中级人民法院（2018）京03民终8206号

2. 案由：保证合同纠纷

3. 当事人

原告（被上诉人）：常某

被告（上诉人）：段某

【基本案情】

2013年9月9日、9月18日、12月24日，常某与中欧温顿公司分别签订了《出借咨询与服务协议》，出借共计105万元，其间分别至2014年9月9日、9月18日、12月24日。2014年3月12日，段某书写欠条一张，载明“欠常某壹佰零伍万元整（105万），分6期3个月一付贰拾万元整，付完壹佰零伍万元止”。段某在尾部欠款人处签名并捺手印。同日，常某出具字条称：“购买中欧温顿公司105万元整，如果案件终结退还款项后，如常某的105万元没归还完用此款补，如多余部分归段某，欠款还完后，两条自动作废。”2015年11月12日，北京市朝阳区人民法院作出（2015）朝刑初字第351号刑事判决书，认为中欧温顿公司系从公司成立之日起即非法从事吸收公众存款行为，且不存在合法的经营行为，系为了实施犯罪行为而设立的公司，不符合单位犯罪的要件要求，并判决被告人肖某瑞、李某莎、周某、李某等人犯非法吸收公众存款罪。2016年1月26日，北京市第三中级人民法院作出（2016）京03刑终51号刑事裁定书，驳回了肖某瑞、李某莎、周某、李某等人的上诉，维持原判。

诉讼中，段某称其被胁迫书写欠条，并申请法院向公安机关调取相关证据。经法院向公安机关了解，段某当时前往公安机关报案称被胁迫，但并没有制作笔录，公安机关也未立案。

【案件焦点】

1. 涉案欠条是否系在受胁迫的情形下出具；2. 涉案欠条的性质属于保证合同还是债务加入；3. 本案中因刑事案件的存在，《出借咨询与服务协议》的合同效力问题以及涉案欠条的效力问题。

【法院裁判要旨】

北京市朝阳区人民法院经审理认为：虽然中欧温顿公司相关行为涉嫌非法吸收公众存款罪，但该罪名规制的是市场准入资格而非合同行为本身，属于管理性强制规定而非效力性强制规定；常某作为投资人签订该协议的真实意思亦非与中欧温顿公司共同实施违法犯罪行为，故该协议不违反法律、行政法规的强制性规定，应属合法有效。本案争议焦点在于，段某向常某出具的欠条是否具备保证的意思表示。法院认为，《中华人民共和国担保法》（以下简称《担保法》）规定，保证是指保证人和债权人约定，当债务人不履行债务时，保证人按照约定履行债务或者承担责任的行为。在本案中，段某以欠款人身份向常某出具欠条，载明“欠常某壹佰零伍万元整（105万），分6期3个月一付贰拾万元整，付完壹佰零伍万元止”。从该欠条的意思表示来看，直接表示的是双方之间形成了债权债务关系，且段某愿意承担还款责任，并非保证的意思表示。但从常某单方面出具的字据来看，“购买中欧温顿公司105万元整，如果案件终结退还款项后，如常某的105万元没归还完用此款补，如多余部分归段某，欠款还完后，两条自动作废”则可以看出，该105万元欠款实际上为常某购买中欧温顿公司105万元理财产品的款项，且在中欧温顿公司未能归还常某的105万元的情况下，则段某给付的105万元视为中欧温顿公司的还款。由此可以看出，在欠条和字据形成当时，常某和段某就中欧温顿公司欠常某的105万元达成了协议，段某如按约定给付常某105万元，则该105万元为中欧温顿公司履行返还常某投资款的保证金。结合欠条和字据，可以看出，段某为中欧温顿公司对常某的欠款提供了保证责任。段某虽然提出欠条系胁迫所写，但段某并未提供证据予以证明。故法院对段某该意见不予采信。双方形成的保证合同关系，系双方的真实意思表示，亦不违反法律、行政法规的强制性规定，应属合法有效。

关于保证方式。我国《担保法》第十九条规定，当事人对保证方式没有约定或者约定不明确的，按照连带责任保证承担保证责任。在本案中，段某应当先行向常某支付 105 万元用作中欧温顿公司履行还款义务的保证金，根据该意思表示，并未区分保证人应否在主债务人客观偿还不能后方承担保证责任，因此，此处保证责任应为连带责任保证。我国《担保法》第二十六条规定，连带责任保证的保证人与债权人未约定保证期间的，债权人有权自主债务履行期间届满之日起六个月要求保证人承担保证责任。在合同约定的保证期间和前款规定的保证期间，债权人未要求保证人承担保证责任的，保证人免除保证责任。本案中，段某明确了其向常某付款的期间，故应当按照其约定的期间向常某履行保证责任。

据此，北京市朝阳区人民法院判决如下：

段某于判决生效之日起十日内就深圳中欧温顿公司应返还常某的本金 978000 元向常某承担连带清偿责任。如果未按判决指定的期间履行给付金钱义务，应当依照《中华人民共和国民事诉讼法》第二百五十三条之规定，加倍支付迟延履行期间的债务利息。

段某提起上诉。北京市第三中级人民法院经审理认为：涉案欠条在法律关系性质上属于债务加入，非法吸收公众存款罪中所涉及的相关民间借贷合同并不违反法律强制性规定，合同不因成立非法吸收公众存款罪而无效，涉案《借款咨询与服务协议》及涉案欠条是各方当事人真实意思表示，不违反法律法规强制性规定，合法有效。一审法院虽适用法律错误，但判决结果正确，故判决如下：

驳回上诉，维持原判。

【法官后语】

本案值得探讨的问题主要有以下两个：一是涉案欠条在法律关系性质上属于保证合同关系还是债务加入。二是刑民交叉下涉案《借款咨询与服务协议》及本案涉及的欠条的效力问题。

1. 判断一个行为的法律关系，应当根据相应的证据材料内容所要表达的真实意图为基础，并结合当事人的意思表示进行综合认定。具体到本案中，从欠条本身的内容看，并无债务人不偿还欠款，由段某承担责任的意思表示，也没有涉及主债务的情况，故从欠条本身看并无提供保证的意思表示。结合本案中常某所出具的字条内容分析，涉案《欠条》作为段某单方向常某出具的书面材料，针对《出借咨询与服务协议》涉及的105万元的债务，并未作出在一定条件成就的情况下代为付款的单方承诺，也不存在明显的主从关系或履行顺序性。基于此从现有证据上分析涉案《欠条》不具备保证的形式及实质要件，更符合债务加入的特征，法律关系性质上应当以认定为债务加入为宜。

2. 本案的非法吸收公众存款的刑事认定不属于效力性强制规定。在本案中，中欧温顿公司的相关行为涉嫌非法吸收公众存款罪，非法吸收公众存款罪犯罪主体的交易行为仅系违反金融市场准入的管理性规定，犯罪侵害的客体为国家的金融管理秩序。在违反市场准入类犯罪的情形下，公法所规制的是当事人的市场准入资格，而非该种类型的合同。因此，非法吸收公众存款罪作为违反市场准入型犯罪，打击的是扰乱国家金融管理秩序的非法吸收公众存款的行为，而非否定或禁止其中单个借贷行为。故非法吸收公众存款罪中所涉及的相关民间借贷合同并不违反法律强制性规定，合同不因成立非法吸收公众存款罪而无效。此外在非法吸收公众存款罪中，由于非法吸收公众存款罪不以非法占有为要件。因此，犯罪行为人向他人借款的意思表示真实。犯罪行为人实施的每一起吸存行为，仍然属于民法上的借贷法律行为。对此《最高人民法院关于审理民间借贷案件适用法律若干问题的规定》第十三条第一款亦规定：“借款人或者出借人的借贷行为涉嫌犯罪，或者已经生效判决认定构成犯罪，当事人提起民事诉讼的，民间借贷合同并不当然无效。”

3. 涉案民事合同的效力。本案涉及非法吸收公众存款罪与民间借贷行为的交叉，这类案件中，对于民间借贷行为的效力需要从两方面看，首先，如上文所述，该民间借贷行为并不当然无效，非法吸收公众存款的每个民间借贷行为应属双方真实意思表示。所以在此类案件存在刑民交叉的情形时，保护债权人的合法民事权益与惩罚借款人的犯罪行为两者并不矛盾，可以并行审理。笔者认为，此类案件应当坚持民事判断的独立性，不应仅以与刑事犯罪存在交叉而当然地认定合同效力，还应当从相关当事人及合同订立时的主客观要件来综合认定。从本案看，相关当事人在订立《借款咨询与服务协议》时意思表示真实，出借人主观上没有损害其他合法利益的故意和过错，不存在违反法律、行政法规的强制性规定和以合法形式掩盖非法目的的情形，故《借款咨询与服务协议》及本案涉及的欠条均属有效。

编写人：北京市第三中级人民法院　王黎　胡震霄

31

起诉后撤诉，诉讼时效不中断

——抚松县中小企业信用担保有限公司诉兰某杰追偿权案

【案件基本信息】

1. 裁判书字号

吉林省白山市中级人民法院（2018）吉06民终607号民事判决书

2. 案由：追偿权纠纷

3. 当事人

原告（被上诉人）：抚松县中小企业信用担保有限公司（以下简称抚松担保公司）

被告（上诉人）：兰某杰

【基本案情】

2008年2月18日，兰某杰与江源农联社签订了一份《借款合同》。同日，兰某杰与白山市中小企业信用担保有限公司（以下简称白山担保公司）签订了《委托保证合同》。后江源农联社与白山担保公司之间签订了《保证合同》。2008年3月14日，江源农联社以现金方式向兰某杰发放了贷款500万元，兰某杰在贷款凭证的借款人处签字并加盖名章。2010年2月8日，江源农联社、兰某杰及白山担保公司三方签订了一份《借款展期协议书》。兰某杰未能按约如数向江源农联社进行还款，致使白山担保公司两次代兰某杰向江源农联社偿还所欠本息共计6980746.77元。其间，白山担保公司将兰某杰交付的保证金5万元予以扣收用以冲抵上述代偿款项。至此，白山担保公司为兰某杰共计代偿本息6930746.77元。2016年9月28

日，白山担保公司与抚松担保公司之间签订《资产转让合同》，将其对兰某杰所享有的上述债权转让给了抚松担保公司。2016 年 11 月 4 日，白山担保公司与抚松担保公司将上述债权转让事项在北方法制报发布《债权转让暨债务催收联合公告》，并要求债务人兰某杰向抚松担保公司履行还款义务。

2012 年 4 月 19 日，贺某军、白山担保公司为江源农联社出具的《债务人、保证人确认还款承诺书》，载明兰某杰、国某、李某胜三笔贷款金额 11379131.39 元（其中兰某杰借款金额 4000000.00 元）由贺某军实际使用，由贺某军偿还，担保人承担连带偿还责任。2012 年 4 月 30 日利息结清。贺某军、白山担保公司签字、盖章。

2013 年 12 月 19 日，白山担保公司以兰某杰为被告向白山市浑江区人民法院提起诉讼，要求兰某杰偿还其代偿贷款本息。因白山担保公司未在法定期限内缴纳案件受理费，2014 年 3 月 13 日，白山市浑江区人民法院作出（2014）浑民二初字第 155 号民事裁定书，裁定：本案按撤诉处理。2015 年 7 月 21 日，抚松担保公司曾派员到兰某杰单位所在地牡丹江市找兰某杰催收过上述款项。

【案件焦点】

1. 起诉后，未缴纳诉讼费，法院按撤诉处理，是否中断诉讼时效；2. 担保公司在承担担保责任后，是否可以向实际借款人主张权利。

【法院裁判要旨】

吉林省白山市浑江区人民法院经审理认为：不应免除本案中兰某杰按照借款合同的约定应承担的还款义务。白山担保公司与抚松担保公司在债权转让前后，通过书面通知、派员电话催收、提起诉讼等多种方式曾向兰某杰主张过权利，上述行为已多次引起诉讼时效的中断，截至本次诉讼，抚松担保公司的诉求未超过法定诉讼时效期间。

吉林省白山市浑江区人民法院依照《中华人民共和国合同法》《中华人民共和国担保法》《最高人民法院关于适用〈中华人民共和国民事诉讼法〉的解释》之规定，作出如下判决：

兰某杰于本判决发生法律效力后立即向抚松担保公司偿还被代偿的银行欠款 150 万元。

兰某杰不服一审判决，提起上诉。吉林省白山市中级人民法院经审理认为：虽然白山担保公司有权向兰某杰主张追偿，但由于白山担保公司起诉后，一审法院按撤诉处理，表明其否定了权利行使，放弃了请求法院依法对权利保护的请求，并不发生起诉的效果，也不产生诉讼时效的中断；同时起诉状亦未送达给兰某杰，不能视为白山担保公司已经行使了请求权。白山担保公司没有其他证据向兰某杰主张过权利，已超过诉讼时效期间。因此，抚松担保公司主张兰某杰偿还其代兰某杰偿还所欠利息762454.28元的请求，法院不予支持。

贺某军、白山担保公司为江源农联社出具《债务人、保证人确认还款承诺书》，说明白山担保公司在明知贺某军为实际使用人并由其偿还的情况下，仍承诺为该笔债务担保并承担连带偿还责任，应视为白山担保公司认可案涉借款的债务人由兰某杰变更为贺某军，并对案涉借款再次为贺某军提供连带责任保证。因此，抚松担保公司主张兰某杰偿还案涉贷款所欠本息6218292.49元的诉讼请求，无事实及法律依据，法院不予支持。

吉林省白山市中级人民法院依照《中华人民共和国民法通则》第一百三十五条，《最高人民法院关于适用〈中华人民共和国担保法〉若干问题的解释》第四十二条第二款及《中华人民共和国民事诉讼法》第一百七十条第一款第三项之规定，作出如下判决：

一、撤销白山市浑江区人民法院（2018）吉0602民初714号民事判决；

二、驳回抚松担保公司的诉讼请求。

【法官后语】

随着经济的发展，特别近几年银行业对于贷款的严格把控，在此情况下应运而生出许多担保公司，担保公司审查借款人的资质后，为借款人担保，向银行申请贷款，该模式，既能保证借款人用款需求，也能保证银行贷款的收回。但担保公司承担担保责任后，与借款人的纠纷也时有发生。

《中华人民共和国民法总则》第一百九十五条规定："有下列情形之一的，诉讼时效中断，从中断、有关程序终结时起，诉讼时效期间重新计算：（一）权利人向义务人提出履行请求；（二）义务人同意履行义务；（三）权利人提起诉讼或者申请仲裁；（四）与提起诉讼或者申请仲裁具有同等效力的其他情形。"及《中华人民共和国民法通则》第一百四十条规定："诉讼时效因提起诉讼、当事人一方提出要求或者同意履行义务而中断。从中断时起，诉讼时效期间重新计算。"当事人起诉后未依法缴纳诉讼费，经催告仍不缴纳，法院裁定按撤诉处理，不能引起诉讼时效中断。因为撤诉是当事人依其意思表示放弃因起诉而发生的法律后果的行为，是当事人对其诉讼权利的处分，按照诉讼法上的"撤回的诉，视同未起诉"的诉讼规则，不发生起诉的效果，自然也就不产生诉讼时效的中断。从诉讼时效的客体来看，其客体为请求权。请求权是相对权，必须向相对人送达才能产生请求权的效果。权利人向人民法院起诉或反诉本身，请求权的意思只是到达了法院，法院不是请求权的相对人，只是实现请求权的居中裁判者，而未经法定程序到达相对人时，不能视为当事人已经行使了请求权。当法院已向对方当事人送达诉状后，请求权的意思表示已经到达义务人。引起诉讼时效中断的事由已非起诉，而是权利人向义务人主张权利，只是这种主张是通过法院送达的。这时的法院所起的作用并非裁判者，而是意思表示的传递者。此时，法院和普通的意思表示传递者并无区别。在此种情形下可以发生诉讼时效中断的后果。但发生诉讼时效中断的效果已不属于《中华人民共和国民法通则》第一百四十条规定的第一种情形即提起诉讼，而是属于该条规定的第二种情形即当事人主张权利。抚松担保公司提供的白山担保公司于2013年12月19日向一审法院起诉兰某杰等要求偿还其代偿贷款本息民事起诉状和2013年3月13日一审法院（2014）浑民二初字第155号按撤诉处理民事裁定书，以证明白山担保公司在诉讼时效期间向兰某杰主张过权利，诉讼时效由此中断，抚松担保公司的诉求并不超过法定诉讼时效期间。但由于白山担保公司起诉后，一审法院按撤诉处理，表明其否定了权利行使，放弃了请求法院依法对权利保护的请求，并不发生起诉的效果，也不产生诉讼时效的中断；同时起诉状亦未送达给兰某杰，不能视为白山担保公司已经行使了请求权。白山担保公司没有其他证据证明其向兰某杰主张过权利，已超过诉讼时效期间。因此，抚松担保公司主张兰某杰偿还其代兰某杰偿还利息的请求，不应得到支持。

编写人：吉林省白山市中级人民法院　赵希海

32

刑民交叉情形下民事合同的效力评价标准

——黄某群诉李某西保证合同案

【案件基本信息】

1. 裁判书字号

福建省宁德市中级人民法院（2018）闽09民终1197号民事判决书

2. 案由：保证合同纠纷

3. 当事人

原告（被上诉人）：黄某群

被告（上诉人）：李某西

【基本案情】

案外人蔡某曦系福鼎市恒兴村镇银行业务经理。2016年4月，黄某群经李某西介绍，将钱借给蔡某曦办理过桥还贷业务，赚取利息，李某西自愿承担担保责任。2016年4月7日，蔡某曦具条向黄某群借款100万元，约定借款月利率为2%，款项汇至蔡某曦指定收款人游某文账户，李某西为该款提供连带责任保证。2016年4月9日至12日，黄某群分8笔100万元汇入蔡某曦指定收款人账户。借款后，蔡某曦偿还本金20万元，仍拖欠本金80万元至今。

2017年11月13日，蔡某曦因诈骗罪被福鼎市人民法院判处有期徒刑12年6个月，并责令蔡某曦退赔李某西经济损失3538500元。李某西系蔡某曦诈骗罪一案的受害人，黄某群系该案证人，本案所涉借款包含在刑事判决所认定的诈骗金额及退赔的经济损失范围内。

黄某群追讨借款未果，遂诉至法院，请求判令保证人李某西偿还黄某群借款本金80万元。

【案件焦点】

1. 蔡某曦与黄某群之间的民间借贷合同是否有效；2. 李某西应否承担保证责任。

【法院裁判要旨】

福建省福鼎市人民法院经审理认为：李某西抗辩因借款人蔡某曦涉嫌诈骗罪，保证合同无效的理由不属于《中华人民共和国合同法》第五十二条规定的合同无效的情形。借款人蔡某曦构成刑事犯罪与本案所涉及的保证合同系两个不同法律关系，蔡某曦犯罪与否不能作为保证人对抗借款人的理由。根据《中华人民共和国合同法》第四十四条规定，依法成立的合同，自成立时生效，故案涉保证合同在李某西作为保证人在借条上签字时已依法成立，合法有效。因借条未约定还款期限与担保方式，李某西依法应承担连带责任保证，黄某群有权仅选择保证人作为被告起诉，故李某西应当对案涉借款承担保证责任。

福建省福鼎市人民法院依照《中华人民共和国合同法》第六十条，《中华人民共和国担保法》第十八条第二款等规定，作出如下判决：

李某西应于本判决生效之日起十五日内偿还黄某群借款本金 80 万元。

李某西不服一审判决，提起上诉。福建省宁德市中级人民法院经审理认为：由于评价对象与评价标准的不同，同一合同行为构成诈骗犯罪与该合同行为有效并不存在矛盾，蔡某曦的诈骗行为构成犯罪是刑法对其行为的评价，而在民法范畴，与蔡某曦行为相对应的应当是“欺诈行为”，以欺诈手段订立的合同，只有在损害国家利益的情况下才属无效合同，本案蔡某曦的欺诈行为侵害的是黄某群的财产权益，仅属可撤销的合同，在受欺诈方未请求撤销合同前，本案民间借贷合同仍是有效合同。基于此，李某西关于保证合同因作为主合同的民间借贷合同无效而导致无效的主张不能成立，本案担保合同效力应依照《中华人民共和国合同法》第五十二条及《中华人民共和国担保法》等相关法律、司法解释的规定予以认定。担保合同的合同主体是保证人与债权人，即李某西与黄某群，蔡某曦并非担保合同的合同主体，李某西并未举证证明本案担保合同存在法律规定的无效情形，应承担举证不能的不利后果。

福建省宁德市中级人民法院依照《中华人民共和国民事诉讼法》第一百七十条第一款第一项之规定，作出如下判决：

驳回上诉，维持原判。

【法官后语】

本案属于典型的刑民交叉案件，涉及民间借贷合同、保证合同与诈骗罪的牵连、交叉。长期以来，“涉犯罪的民间借贷合同当然无效”的观点根深蒂固，该观点泛化导致的结果是出借人的资金损失通过刑事退赔程序解决后即告终结，其基于合同约定的债权或物权权益如利息、保证担保或抵押担保等却因为作为主合同的民间借贷合同无效而不受到保护，相当于犯罪人反而从刑事犯罪中受益，显然是有违公平的。

笔者认为，同一法律事实在同时受到刑法规范和民法规范调整评价时，两种规范调整的客体、评价的对象并不一致，相应的法律责任也完全不相同，不能以公法规范来评价民事法律行为是否产生私法上的效果。刑法规范所调整保护的客体是国家利益和社会公共利益，所对应的法律关系是犯罪人与国家之间的刑事法律关系。以本案所涉诈骗罪为例，诈骗行为既侵犯受害人的财产权益，也同时破坏了财产秩序和公共交易秩序，而后者正是刑法所保护的法益，刑法规范所评价的对象也仅是诈骗行为。民法规范所调整保护的客体是平等主体之间基于意思自治所进行的缔约行为和由此产生的第一性义务以及违反第一性义务所需承担的第二性义务，所对应的法律关系是平等主体之间的民事法律关系。换言之，刑法中关于诈骗罪的强制性规定并非针对民间借贷合同的效力性规定，不能以犯罪人构成诈骗罪而认定民间借贷合同无效。在本案中，蔡某曦以签订民间借贷合同为手段，骗取黄某群实施出借资金的民事法律行为，刑事判决认定蔡某曦的行为构成诈骗罪，是由于蔡某曦实施诈骗这一单方行为严重到需要科以刑罚处罚，故而将其纳入刑法规范调整范畴。而对于民间借贷合同，属于双方合意行为，对其效力的评判应在民法规范范畴内进行，刑法上的诈骗行为映射到民法领域，所对应的是民事欺诈行为，对于行为人因受欺诈所实施的民事法律行为，依照《中华人民共和国民法总则》第一百四十八条的规定，赋予了受欺诈方请求人民法院或仲裁机构予以撤销的权利。也即受欺诈方既可以选择撤销合同，也可以依照合同有效选择继续履行合同。黄某群选择向保证人李某西主张权利，即选择继续履行民间借贷合同。由于保证合同的从属性，保证合同的效力依附于作为主合同的民间借贷合同的效力，在案涉民间借贷合同有效的情况下，保证合同效力应依照我国合同法及担保法的相关规定进行审查，而本案并不存在保证合同无效的情形，李某西自然应承担相应保证责任。此处还应厘清一个问题，即保证合同的合同主体为谁？因为在司法实践中，一旦借款人被刑事判决认定构成犯罪，保证人往往同样以受借款人欺诈为由主张不承担保证责任。对此，根据《中华人民共和国担保法》第六条对保证的定义，保证是指保证人和债权人约定，当债务人不履行债务时，保证人按照约定履行债务或者承担责任的行为。可见，保证合同的主体是保证人与债权人，债务人并非保证合同的主体。保证人主张受到欺诈而免除保证责任，其逻辑基础应当是保证人受到债权人的欺诈而作出错误意思表示，而非受到债务人的欺诈，因此，保证人并无申请撤销保证合同的权利。

综上，同一法律事实在同时受到刑法规范和民法规范调整评价时，二者应当并行适用，而非刑法规范优先于民法规范适用或用刑法规范来评价民事法律行为的效力，这也符合刑法谦抑性原则及宽严相济的刑事政策。

编写人：福建省宁德市中级人民法院　陆学宇

三、抵　　押

33

抵押担保责任和连带保证责任的正确区分认定
——张某梅诉张某担保合同案

【案件基本信息】

1. 裁判书字号

山东省淄博市中级人民法院（2018）鲁03民终1210号民事判决书

2. 案由：担保合同纠纷

3. 当事人

原告（被上诉人）：张某梅

被告（上诉人）：张某

【基本案情】

2012年2月14日，张某梅（出借方）与刘某福（借款方）及被告张某（担保方）签订借款担保合同，约定：张某梅借款给刘某福现金人民币80万元，期限自2012年2月14日起至2012年5月14日止，张某梅按照刘某福指定的账户通过银行汇款80万元，借款利率为月息2.5%，每月14日支付利息，合同到期（2012年5月14日）本金及利息一次付清。如果刘某福不能按时还款，张某无条件将齐都国际A座×室转让给张某梅。同日，张某梅通过网转方式付款79万元，通过其他方式付款1万元共计80万元。该80万元其中张某梅借给刘某福60万元，张某梅代张某借给刘某福20万元并由张某梅为张某垫付。2012年3月14日，张某归还张某梅为其垫付的出借款17.2万元。2012年3月14日，刘某福通过张某转付张某梅利息2万元，2012年4月16日，刘某福通过张某转付张某梅利息1.5万元，后张某梅多次向张某主张权利。诉讼过程中，张某梅要求张某偿还为张某垫付的借款2.8万元及利息、要求张某对张某梅借给刘某福的60万元及利息（按借款60万元自2012年4月14日按年息24%计算至2013年7月13日）承担连带清偿责任。

【案件焦点】

1. 本案所涉借款担保合同是否有效；2. 张某应否承担担保责任。

【法院裁判要旨】

山东省淄博市临淄区人民法院经审理认为：原、被告及刘某福签订借款担保合同后，原告通过网转等方式支付借款80万元，庭审中双方均认可该80万元借款中有60万元系原告借给刘某福、20万元系被告借给刘某福（由原告垫付）、2012年3月14日被告归还原告为其垫付的借款17.2万元，对此予以确认；被告辩称已归还原告为其垫付的借款2.8万元证据不足，依法不予支持，故对原告主张的该借款2.8万元及相应利息予以支持。《借款担保合同》第四条约定："如果借款方不能按时还款，担保方（张某）无条件将齐都国际A座×室转让给出借方（张某梅）。"故被告实质上为刘某福向原告的借款提供了保证担保，对保证担保的方式应认定为连带责任保证，被告对刘某福向原告的借款60万元及相应利息应承担连带清偿责任。借款担保合同约定的月息按2.5%即年息30%计算过高，可按年息24%计算。据此，依照《中华人民共和国合同法》第六十条、第一百零七条、第二百零五条、第二百零六条，《中华人民共和国担保法》第十八条、第十九条、第二十六条、第三十一条，《最高人民法院关于审理民间借贷案件适用法律若干问题的规定》第二十六条、第二十九条之规定，判决如下：

一、被告张某归还原告张某梅垫付的借款2.8万元，于本判决生效后十日内付清；

二、被告张某赔偿原告张某梅经济损失（按2.8万元自起诉之日即2014年5月12日按中国人民银行规定的同期银行借款利率计算至本判决确定的还款之日），与第一项同时付清；

三、被告张某对刘某福向原告张某梅的借款60万元、利息（按60万元自2012年4月14日按年息24%计算至2013年7月13日）负连带清偿责任，于本判决生效后十日内付清。若上述第二项经济损失与本项利息计算数额之和超过17.2万元，以17.2万元为准。被告张某承担保证责任后，有权向刘某福追偿。

张某不服一审判决提起上诉。山东省淄博市中级人民法院认为：张某梅和刘某福之间的借贷合同内容不违反法律法规的强制性规定，合法有效。关于借款担保合同中的担保合同部分的效力，根据合同内容，张某用房屋进行债务担保的意思表示明确，对于被担保的主债权种类数额、债务人履行债务的期限、抵押物的情况以及抵押担保的范围明确，且抵押财产非法律法规禁止流通的财产或者不可转让的财产，张某亦不属于设立担保的无效主体，双方之间的抵押合同依法成立并生效。张某提供担保的意思表示明确故双方签订的借款担保合同合法有效。因双方签订的借款担保合同合法有效，张某应承担相应的担保责任。该房屋未办理抵押登记，抵押权未有效设立，张某梅不能就该房屋行使优先受偿权，债务到期后，张某既不能交付房屋，也不能以房屋折价的方式或者其他方式清偿债务，严重违背了诚实信用原则。根据《中华人民共和国担保法》（以下简称《担保法》）第五十七条以及《最高人民法院关于适用〈中华人民共和国担保法〉若干问题的解释》（以下简称《担保法解释》）第五十六条的规定，张某应在抵押物价值的范围内承担连带清偿责任。一审将抵押担保责任直接转换为保证责任法律依据不足，据此，二审法院依照《最高人民法院关于审理民间借贷案件适用法律若干问题的规定》第十四条，《中华人民共和国物权法》第十五条，《担保法》第五十七条，《担保法解释》第三条、第四条、第五条、第五十六条、第五十七条，《中华人民共和国民事诉讼法》第一百七十条第一款第二项之规定，判决如下：

一、维持山东省淄博市临淄区人民法院（2016）鲁0305民初4793号民事判决第一项、第二项，即“一、被告张某归还原告张某梅垫付的借款2.8万元，于本判决生效后十日内付清；二、被告张某赔偿原告张某梅经济损失（按2.8万元自起诉之日即2014年5月12日按中国人民银行规定的同期银行借款利率计算至本判决确定的还款之日），与第一项同时付清。”

二、变更山东省淄博市临淄区人民法院（2016）鲁0305民初4793号民事判决第三项为：“被告张某对刘某福向原告张某梅的借款60万元、利息（按60万元自2012年4月14日按年息24%计算至2013年7月13日）负连带清偿责任，于本判决生效后十日内付清。若上述第二项经济损失与本项利息计算数额之和超过17.2

万元，以17.2万元为准。被告张某承担责任后，有权向刘某福追偿。”

【法官后语】

本案主要涉及抵押担保责任和连带保证责任的正确区分认定问题。

抵押作为《担保法》所规定的担保方式之一，其是指债务人或者第三人不转移对某一特定物的占有，而将该财产作为债权的担保，债务人不履行债务时，债权人有权依照《担保法》的规定以该财产折价或者以拍卖、变卖该财产的价款优先受偿。连带保证即连带责任保证，其属于担保法中保证的一种。《担保法》第六条规定，本法所称保证，是指保证人和债权人约定，当债务人不履行债务时，保证人按照约定履行债务或者承担责任的行为。该法第十八条规定，当事人在保证合同中约定保证人与债务人对债务承担连带责任的，为连带责任保证。即连带责任保证的债务人在主合同规定的履行期届满没有履行债务的，债权人既可以要求债务人履行债务，也可以要求保证人在其保证范围内承担保证责任，保证人没有先诉抗辩权。从抵押担保和连带责任保证的上述概念界定来看，二者显然具有明显区别。抵押担保属于物保，而连带责任保证作为保证的一种属于人保。这一点也决定了二者法律责任的不同：抵押担保以抵押物的价值为责任承担限度，而保证担保中的连带保证则不存在责任承担限度的问题，即连带保证的保证人需要对其保证的全部债务向债权人承担保证责任。

尽管抵押担保责任和连带保证责任存在上述区别，但实践中对二者正确区分认定仍需要准确把握，尤其在将房屋作为抵押担保的情形中。当然对此而言，在抵押担保的抵押权依法成立并生效的情况下，二者的区分比较容易把握。此种情形下房屋抵押在签订抵押合同后依法进行了抵押登记，抵押权据此依法设立，债权人因此也成为合法的抵押权人，故债权人在债权到期未能清偿时，其有权依照《担保法》的规定以该财产折价或者以拍卖、变卖该财产的价款优先受偿。这时的抵押担保责任的承担与连带保证责任的区别较为明显。但问题主要在于抵押担保的抵押权未能依法设立的情况下。此种情况的出现往往是因房屋未办理抵押登记所造成。《中华人民共和国物权法》（以下简称《物权法》）第十四条规定：“不动产物权的设立、变更、转让和消灭，依照法律规定应当登记的，自记载于不动产登记簿时发生效力。”《物权法》第十五条规定：“当事人之间订立有关设立、变更、转让和消灭不动产物权的合同，除法律另有规定或者合同另有约定外，自合同成立时生效；未办理物权登记的，不影响合同效力。”根据上述法律规定，以房屋进行抵押的，其抵押合同在成立时即生效，即便未办理抵押权登记也不影响抵押合同的效力；但房屋进行抵押的抵押权的设立依法则应自登记时设立。如果未进行房屋抵押登记，则抵押权未能设立。在抵押权因未办理登记而未能依法设立的情形下，债权人实际未能成为真正意义上的抵押权人，其对于双方约定的抵押房屋不具有法律上的优先受偿权。但未办理抵押权登记并不影响抵押合同的效力，当事人经协商一致订立抵押合同，表明双方就以抵押物的价值作为主债务担保的意思表示一致，债权人可以要求抵押人承担抵押合同上的担保责任。当然因抵押担保以抵押物的价值为责任承担限度，故抵押人应以抵押物的价值为限对主债务承担连带清偿责任。当然这种连带清偿责任仍是基于抵押担保，而不能将此直接转化为连带保证。本案即是如此。在本案中，因涉案房屋未办理抵押登记，抵押权未有效设立，张某梅不能就该房屋行使优先受偿权，债务到期后，张某既不能交付房屋，也不能以房屋折价的方式或者其他方式清偿债务，严重违背了诚实信用原则。基于对债权人利益的合法保护，根据《担保法》第五十七条以及《担保法解释》第五十六条的规定，张某应在抵押物价值的范围内承担连带清偿责任。

编写人：山东省淄博市中级人民法院　荣明潇　周树学

34

抵押权的行使期间

——张某英诉中国建设银行股份有限公司淮滨支行抵押权案

【案件基本信息】

1. 裁判书字号

河南省信阳市中级人民法院（2018）豫15民终3602号民事判决书

2. 案由：抵押权纠纷

3. 当事人

原告（被上诉人）：张某英

被告（上诉人）：中国建设银行股份有限公司淮滨支行（以下简称建行淮滨支行）

第三人：中国东方资产管理公司郑州办事处（以下简称东方公司）、中国信达资产管理公司郑州办事处（以下简称信达公司）

【基本案情】

张某英与丁某光系夫妻关系，1994 年 9 月 13 日，陈某政从建行淮滨支行信贷部贷款 20000 元。陈某政将丁某光名下的房产证（房改私字第 041 号）作抵押，抵押期限三个月。后丁某光因病去世。建行淮滨支行将该债权转让给第三人东方公司，东方公司后又转让给第三人信达公司，以上债权的转让建行淮滨支行及第三人均报纸告知并对案涉债权进行过登报催收，但始终未向丁某光、张某英主张过抵押权。张某英与建行淮滨支行协商未果，故此起诉到法院，请求确认丁某光与建行淮滨支行之间的抵押权消灭，判令建行淮滨支行将丁某光的房屋所有权证返还给原告，并由建行淮滨支行承担本案诉讼费。

法院二审查明，建行淮滨支行已经向淮滨县人民法院就本案主债权进行过诉讼，并于 1999 年 8 月 5 日和债务人陈某政达成一致调解意见，淮滨县人民法院制作了（1999）淮经初字第 367 号经济调解书，陈某政并未履行该调解协议，建行淮滨支行也未申请强制执行。

【案件焦点】

1. 建行淮滨支行的抵押权是否应当保护；2. 丁某光的房产证原件是否应当由建行淮滨支行返还。

【法院裁判要旨】

河南省信阳市淮滨法院经审理认为：诉讼时效期间自权利人知道或者应当知道权利受到损害起计算，但是自权利受到损害之日超过二十年的，人民法院不予保护。在本案中，被告未向原告主张债权已超过二十年。抵押权人应当在主债权诉讼时效期间行使抵押权，未行使的，人民法院不予保护。现抵押人丁某光已死亡，其妻子即原告不愿履行担保义务，抵押权人不能够行使抵押权，故原告的诉讼请求应予支持。依照《中华人民共和国民法总则》第一百八十八条，《中华人民共和国物权法》第二百零二条，《中华人民共和国民事诉讼法》第一百四十四条之规定，判决如下：

一、被告建行淮滨支行于本判决法律生效之日起十日内将丁某光的淮改私字第041号房屋所有权证返还给原告张某英；

二、驳回原告张某英的其他诉讼请求。

建行淮滨支行不服一审判决，提起上诉。河南省信阳市中级人民法院审理后认为：1999年8月5日，建行淮滨支行与债务人陈某政经过诉讼达成调解协议，淮滨县人民法院作出了（1999）淮经初字第367号经济调解书。在该次诉讼中，建行淮滨支行未起诉抵押人丁某光。调解书生效后，双方约定的还款时间到期未履行，也无任何证据显示建行淮滨支行有行使抵押权的行为。根据《中华人民共和国物权法》第二百零二条之规定，建行淮滨支行未在法定的期限内行使抵押权，其抵押权人民法院不予保护。2004年，建行淮滨支行将对陈某政的债权转让给信达公司，因该债权已经人民法院裁判且未向抵押人主张抵押权，故该转让的债权本质是建行将向人民法院申请强制执行生效裁判（调解）的权利转让给信达公司，该转让的债权中已不包含抵押权，相应的信达公司将债权转让给东方资产公司时，也不包含抵押权。信达公司、东方公司在刊物上的公告对抵押人丁某光已无效力。由于丁某光房产证的原件并未在建行淮滨支行保管，不应当由其返还。丁某光的继承人应当会同建行淮滨支行向房产管理机关申请注销抵押登记，并收回房产证。综上，上诉人的上诉请求部分成立，法院予以支持。

河南省信阳市中级人民法院依照《中华人民共和国民事诉讼法》第一百七十条第一款第二项之规定，作出如下判决：

一、撤销淮滨县人民法院（2018）豫1527民初325号民事判决；

二、上诉人建行淮滨支行于本判决生效后一个月内协助被上诉人张某英办理位于淮滨县南大街教体局院内的两间房屋（房权证号：淮改私字第×××号，他项权证号：淮私字第×××号）抵押的注销登记；

三、驳回张某英的其他诉讼请求。

【法官后语】

未在抵押权的行使期间内实现抵押权，抵押权不再受法律保护，既是抵押权人及时行使权利的紧箍咒，也是抵押人产权保护的护身符。《中华人民共和国物权法》第二百零二条规定："抵押权人应当在主债权诉讼时效期间行使抵押权；未行使的，人民法院不予保护。"该法条将抵押权的行使期限严苛地限制于主债权的诉讼时效期限内。该条规定对抵押人权益保护及市场经济的发展有重要的作用。其不仅可以督促债权人及时行使抵押权，又可以使抵押人尽早脱离抵押关系，摆脱抵押所带来的负担，也可使抵押物摆脱原有的物权关系而与新的权利人结合，更快地进入市场交易领域，发挥更大的效用价值。在本案中，建行淮滨支行作为抵押权人，其在起诉债务人时，并未起诉抵押人，也未对抵押物进行变现，其怠于行使其权利，导致抵押权不受法律保护。为避免此类问题的再次发生，建议银行加强主债权诉讼时效的管理，及时主张抵押权。同时本案也体现了对私人产权一视同仁的保护，抵押人作为抵押物的所有权人，其提供抵押的行为维护了交易的安全，加速了商事的流转。平等的保护产权关乎每个普通人的切身利益，有助于提升个体追求财富的积极性。

编写人：信阳市中级人民法院　高星

35

抵押权人未当面约谈抵押房屋权利人可构成"重大过失"

——中国工商银行股份有限公司北京房山支行诉臧某青、罗某军金融借款合同案

【案件基本信息】

1. 裁判书字号

北京市第二中级人民法院（2018）京02民终12822号民事判决书

2. 案由：金融借款合同纠纷

3. 当事人

原告（上诉人）：中国工商银行股份有限公司北京房山支行（以下简称工商银行房山支行）

被告（被上诉人）：罗某军

被告：臧某青

【基本案情】

2013年2月28日，工商银行房山支行与臧某青签订《个人借款/担保合同》。臧某青向工商银行房山支行提交了张某的身份证、户口本复印件、《无婚姻登记记录证明》、00274号《公证书》和00275号《公证书》。00274号《公证书》内容主要是张某“同意将本人名下登记的房产抵押给工商银行房山支行为借款人臧某青申请个人借款提供担保”。00275号《公证书》的公证事项包括“张某名下登记有坐落于朝阳区×××的房产，臧某青拟向个人或银行申请贷款，张某自愿以上述房产提供抵押担保，因我视力不好，不能亲自办理抵押等事宜，特委托臧某青作为我的合法的代理人，并全权代表张某办理抵押合同签订及抵押登记手续。基于两份《公证书》，臧某青代张某在《个人借款/担保合同》上抵押人签字处进行了签字，并办理了抵押登记。后工商银行房山支行向臧某青发放了贷款150万元，臧某青自2014年5月1日起多次发生未按期履行还款义务的违约行为。工商银行房山支行起诉至法院要求臧某青偿还贷款本息，并对抵押房屋享有优先受偿权。

罗某军与张某于2007年1月15日登记结婚，涉案房产于2010年7月14日登记在张某名下，共有状况为单独所有。张某于2015年11月24日办理遗嘱公证，遗嘱内容为：“我张某与罗某军系夫妻关系，在我名下一套位于北京市朝阳区×××的房产，系我与罗某军的夫妻共同财产……在我去世后上述房屋属于我的份额归我的妻子罗某军个人所有，不作为夫妻共同财产。如果上述房产在我去世时还有抵押未解除，则相关债权债务亦由我妻子罗某军个人继承。”张某于2017年1月8日死亡。被告罗某军认为工商银行房山支行在办理抵押过程中未对房屋真实权利状态进行审查，涉案抵押房屋属于夫妻共同财产，不同意工商银行实现抵押权的诉讼请求。

【案件焦点】

工商银行能否善意取得涉案房屋的抵押权。

【法院裁判要旨】

北京市西城区人民法院经审理认为：涉案房产系张某与罗某军婚后取得，在未有当事人提出其他反证的情况下，该房产应为双方的共同财产。张某未取得罗某军的同意即在共有财产上设定抵押权的物权行为，属于无权处分。无权处分行为系效力待定的民事行为，权利人事后追认，该无权处分行为发生效力，受让人亦可依据善意取得制度取得权利。《最高人民法院关于适用〈中华人民共和国物权法〉若干问题的解释（一）》（以下简称《物权法司法解释一》）第十五条第一款规定："受让人受让不动产或者动产时，不知道转让人无处分权，且无重大过失的，应当认定受让人为善意。"据此，本案审查的关键在于，工商银行房山支行取得涉案房屋的抵押权是否为善意。臧某青提交的《无婚姻登记记录证明》，仅能证明张某在其户籍地民政机构管辖范围内无婚姻登记记录，但是依一般的生活常识，婚姻登记并无全国范围内的统一查询机构的情况下，在张某户籍地登记为无婚姻记录的情形下，并不能排除其已经结婚的可能性。房屋登记显示的权利人亦经常出现与实际权属状态不符的情形。工商银行房山支行作为专业的商业银行，对担保人的婚姻状况、担保物的所有权属负有更加审慎的注意义务。此外，臧某青向工商银行房山支行提文275号《公证书》用以证明，张某委托臧某青签订借款合同、抵押合同并办理抵押登记。该公证书明确载明："因我（张某）视力不好，不能亲自办理抵押等事宜，特委托臧某青作为我的合法代理人……"公证过程为：张某于2013年1月5日来到我处（中信公证处），在《委托书》上捺右手食指指印，并由王某荣代其加盖名章。即工商银行对张某系盲人的事实明知，且根据《公证书》对公证事项的描述，中信公证处公证前述委托事项时，没有第三人向张某宣读委托书具体内容的事实，张某作为盲人，在此情形下有可能并不知晓委托书的具体内容。工商银行作为专业的商业银行，专门从事贷款业务，在上述证据证明的事实存在其他可能性的情形下，工商银行自始至终未约见张某本人，疏于了解其婚姻状态及涉案房产的权属情况，未尽到审慎注意义务，具有重大过失。因此，法院认定工商银行房山支行在涉案房屋设立抵押的过程中，不构成善意，不能依据善意取得制度取得抵押权。工商银行房山支行提出对涉案房产享有抵押权的诉讼请求，不符合法律规定，法院不予支持。

北京市西城区人民法院依照《中华人民共和国合同法》第一百零七条，《中华人民共和国婚姻法》第十七条，《中华人民共和国物权法》第一百零六条，《物权法司法解释一》第十五条，《中华人民共和国民事诉讼法》第九十二条、第一百四十四条之规定，作出如下判决：

一、臧某青于本判决生效后十日内偿还工商银行房山支行截至2018年5月2日贷款本金1023744.42元，利息、罚息、复利168083.80元，以及自2018年5月3日起至全部欠款清偿之日止的利息、罚息、复利（按编号为家居字北京分行房山支行2013年0081号《个人借款/担保合同》约定的利率标准计算）；

二、驳回工商银行房山支行的其他诉讼请求。

工商银行不服一审判决，提起上诉。北京市第二中级人民法院经审理认为：在本案中，工商银行主张其对案涉抵押房屋权属、对张某的婚姻情况以及对案涉房屋抵押事项的委托公证均已经尽到了审慎注意义务，能够根据善意取得制度取得涉案房产的抵押权。根据查明的事实，案涉275号《公证书》明确载明："因我（张某）视力不好……"，也即工商银行房山支行在办理案涉房屋抵押过程中应当知道张某视力存在障碍，又因与办理案涉房屋抵押相关的事项材料均为书面形式，视力障碍对于识别上述材料以及办理抵押事项构成重要影响。在此情况下，工商银行房山支行对于审查张某婚姻状况、案涉抵押房屋权属以及张某对案涉房屋抵押事项的委托公证均应具有相较于视力健全人更高的注意义务，应当采取与张某约见、走访等方式进一步审查确定上述事项。在本案中，工商银行并未能举证证明其尽到了上述注意义务，由此，一审法院认定其未尽到合理的注意义务，不能依据善意取得制度取得案涉房屋抵押权，并无不妥。工商银行的上诉请求，依据不足，法院不予支持。

北京市第二中级人民法院依照《中华人民共和国民事诉讼法》第一百七十条第一款第一项之规定，作出如下判决：

驳回上诉，维持原判。

【法官后语】

本案的争议焦点在于，工商银行房山支行能否依据善意取得对张某房屋（现为罗某军所有）的抵押权。根据《中华人民共和国物权法》第一百零六条第三款的规定，抵押权的善意取得，参照动产或者不动产所有权的善意取得规定。对《中华人民共和国物权法》第一百零六条第一款第一项中“受让人受让该不动产或者动产时是善意的”对善意的判断，自物权法实施以来，便引发理论界和实务界无尽探讨。《物权法司法解释一》第十五条将“善意”解释为“不知道转让人无处分权，且无重大过失”。第十六条第一款是关于“受让人知道转让人无处分权”的认定，比如，登记簿上存在异议登记、预告登记、不动产被限制权利等事项，第十六条第二款界定了“重大过失”，即“受让人应当知道转让人无处分权的”，而如何判定受让人应当知道转让人无处分权，成为理论和实务上的难点，对于动产，尚可通过交易的对象、场所或者时机是否符合交易习惯进行价值判断，而对于不动产，由于存在不动产登记簿，对于其善意取得认定标准上，应与动产有异。

《中华人民共和国物权法》第十六条规定：“不动产登记簿是物权归属和内容的根据……”但基于我国物权法尚未确立不动产登记的公信力，以及不动产登记制度并不完善的原因，不宜像德国、中国台湾地区等民法那样按照不动产公信力原则要求，仅将不动产中善意取得中的“善意”限定于“不知”的主观状态，而要提高善意的标准，要求当事人对“不知”不具有重大过失。根据民法的一般理论，过失一般分为轻过失、一般过失和重大过失，对于重大过失的认定，通常是以行为人欠缺一般人具有的注意为判断标准。

对于受让人是否构成善意的证明责任，《物权法司法解释一》第十五条第二款规定，由真实权利人主张受让人不构成善意。再回到本案中，应由罗某军主张工商银行房山支行不构成善意取得涉案房屋的抵押权，而本案并不存在《物权法司法解释一》第十六条第一款规定的“不动产受让人知道转让人无处分权”的情形，那么罗某军应当以《物权法司法解释一》第十六条第二款作为请求权的规范基础，证明不动产受让人应当知道转让人无处分权的，或者说证明工商银行在受让抵押权的过程中存在重大过失。

真实权利人证明受让人不构成善意，或言之受让人具有重大过失，应当达到何种程度？这里涉及一个证明力或证明标准的问题，《最高人民法院关于民事诉讼证据的若干规定》（2008 调整）第七十三条第一款规定：“双方当事人对同一事实分别举出相反的证据，但都没有足够的依据否定对方证据的，人民法院应当结合案件情况，判断一方提供证据的证明力是否明显大于另一方提供证据的证明力，并对证明力较大的证据予以确认。”《最高人民法院关于适用〈中华人民共和国民事诉讼法〉的解释》第一百零八条从本证和反证的角度，进一步对证明标准的问题作出规定，其第一款规定："对负有举证证明责任的当事人提供的证据，人民法院经审查并结合相关事实，确信待证事实的存在具有高度可能性的，应当认定该事实存在。"人民法院在认定事实时，除了要审查当事人提交的证据，也要结合案件的"相关事实"，综合判定受让人受让无权时存在重大过失，具有"高度可能性"。此处的"相关事实"，主要是指"基本事实"意外的其他事实，包括受让人的身份地位和专业知识、交易经验、受让人与真实权利人、转让人相互之间的熟悉程度、不动产的现状、交易的场所、时机等。

本案在审理过程中，存在两种裁判思路的争论。第一种观点认为，工商银行房山支行构成善意取得。原因有：(1) 张某的房产证上显示房屋为单独所有；(2) 张英的户口簿上婚姻状态显示为未婚；(3) 张某提供了户籍所在地提供的无婚姻登记证明。基于此，工商银行信赖不动产权属证书登记的权利状态，亦无法从其他途径获得张某与罗某军的婚姻状况，因此，工商银行房山支行对于房屋权属情况的审核并无重大过失。第二种观点认为，工商银行房山支行不构成善意取得，原因有：(1) 我国法律尚未明确不动产登记簿的公信效力，不动产登记制度尚不完善，不动产登记簿登记的权利状态与真实权利状态不一致的情况经常存在。工商银行房山支行作为发放贷款的专业机构，有能力也有义务对不动产的真实权利状态作进一步核实；(2) 本案存在一特殊状况，张某为盲人。臧某青作为借款人，通过公证书的形式取得了臧某青为其房屋设立抵押的授权，客观上存在臧某青欺骗张某的可能（开庭审理中法庭发现臧某青在授信金额和金额上对张某确实有所隐瞒）。工商银行房山支行对张某为盲人这一事实知晓，在办理贷款和抵押权的过程中，自始未与真实权利人进行当面核实，仅凭两份公证书就为他人房屋设定抵押，亦未提供反证证明其尽到了一般人的注意义务，因此，工商银行房山支行疏于了解房屋真实权利人的婚姻状态和房屋的真实权利状态，存在重大疏漏。一审法院和二审法院最终采纳了第二种裁判思路。

综上，抵押权人在抵押权设定过程中，未与不动产真实权利人实际接触，谨慎核实不动产真实权利人的婚姻状态和抵押房屋权属状况，人民法院可认定抵押权人存在"重大过失"，不构成善意取得。

编写人：北京市西城区人民法院　何宗遥

36

公益设施不得作为抵押财产，抵押行为无效

——招商银行股份有限公司宜昌分行诉湖北长阳清江古城文化旅游有限公司、刘某明金融借款合同案

【案件基本信息】

1. 裁判书字号

湖北省宜昌市西陵区人民法院（2018）鄂0502民再2号民事判决书

2. 案由：金融借款合同纠纷

3. 当事人

原告：招商银行股份有限公司宜昌分行（以下简称招行宜昌分行）

被告：湖北长阳清江古城文化旅游有限公司（以下简称清江古城公司）、刘某明

第三人：北京燕山红文化发展有限公司（以下简称燕山红公司）

【基本案情】

2013年12月20日，为担保清江古城公司在2013年12月23日至2016年12月22日对原告所有债务的履行，双方签订两份《最高额抵押合同》，被告清江古城公司以位于长阳土家族自治县龙舟坪镇何家坪村八组、房屋所有权证号为长阳房权证龙舟坪镇字第0015834号的房屋作为债务的抵押担保，并依法在相关登记机关办理了抵押登记。后双方签订《授信协议》，约定原告给予被告清江古城公司400万元的授信额度，授信期间12个月，自2013年12月23日至2014年12月22日。刘某明于2013年12月20日向原告出具《最高额不可撤销担保书》，承诺对被告清江古城公司在授信期间内与原告发生的债务承担最高额400万元的连带保证责任。2013年12月27日，被告清江古城公司与原告签订《借款合同》，向原告借款400万元，期限12个月，自2013年12月27日至2014年12月27日。同日，原告依约发放了

该笔借款。至借款到期日，被告清江古城公司未履行还款义务，被告刘某明也未履行代偿义务。诉请判令：（1）清江古城公司向原告偿还借款本金3997587.75元，支付利息151954.09元，并自2015年4月21日起至借款本金还清之日止，按年利率11.7%计算利息；（2）刘某明对前述给付义务承担连带清偿责任；（3）确认原告对位于长阳土家族自治县龙舟坪镇何家坪村八组、房屋所有权证号为长阳房权证龙舟坪镇字第01583545号的房屋和位于长阳士家族自治县龙舟坪镇何家坪村八组、国有土地使用权证号为长阳国用（2012）第040001011号的国有土地使用权享有抵押权，原告有权以该抵押物折价或者拍卖、变卖该抵押物的价款优先受偿；（4）由被告承担本案的诉讼费用。再审中原告提出原调解书合法有效。

第三人在再审中诉称：（1）依法撤销（2015）鄂西陵民初字第00862号案件调解书的第六项；（2）确认原、被告双方用争诉房屋（所有权证号为长阳房权证龙舟坪镇字第0015834号）及相应的土地使用权设定的抵押权及优先受偿权无效；（3）确认该房产由第三人享有所有权并由被告清江古城公司将该房屋过户至第三人名下。

【案件焦点】

1. 关于本案的启动是否合法的问题；2. 关于招行宜昌分行是否对登记在清江古城公司名下，位于长阳土家族自治县龙舟坪镇何家坪八组，房屋所有权证号为长阳房权证龙舟坪镇字第0015×××号的房屋和国有土地使用权证号为长阳国用（2012）第0040010×××号的国有土地使用权享有抵押权的问题；3. 关于第三人主张汪国新诗书画院所有权是否属于本案审理范围的问题。

【法院裁判要旨】

湖北省宜昌市西陵区人民法院经审理认为：对于第一个争议焦点，本案再审程序启动的依据是法院（2017）鄂0502民监4号《民事裁定书》，即院长提交审判委员会讨论发现（2015）鄂西陵民初字第00862号《民事调解书》确有错误，应予再审，故不存在第三人申请再审超过法定期限的问题，因此，原审原告和原审被告清江古城公司主张第三人的再审申请已超过法定时限没有法律依据。对于第二个争议焦点，根据已查明事实，清江古城公司与第三人于2011年签订《关于合作兴建汪国新美术馆的协议》，清江古城公司及湖北致远科技集团股份有限公司长阳分公司向第三人出具的文件，均可表明清江古城公司认可第三人燕山红公司履行了合作协议中的交付书画作品的义务，故被告刘某明签订协议的行为应视为职务行为，另汪国诗书画院自建成就交付给第三人占有、使用，其所有装修及布展均为长阳县政府和燕山红公司所实施，自开馆以来得到各级政府部门拨款支持且免费开放传播文化，亦成为当地著名文化景观，汪国新诗书画院现为长阳县文化体育局所属事业单位的一个部门，因此可以界定属于公益设施，至于该房屋登记性质亦不影响其作为公益设施发挥作用。根据《中华人民共和国物权法》第一百八十四条的规定，学校、幼儿园、医院等以公益为目的的事业单位、社会团体的教育设施、医疗卫生设施和其他社会公益设施，不得抵押。汪国新诗书画院为长阳县文化体育局所属事业单位，汪国新诗书画院所使用的房屋属于典型的社会公益设施，因此不得作为抵押财产。同时，汪国新诗书画院自建成以来一直为第三人占有、使用，由于该房屋产权在 2013 年登记于清江古城公司名下，随即就被抵押登记给招行宜昌分行，用于抵押贷款，故招行宜昌分行在办理抵押登记手续时并未尽到充分核实义务，在未向占有使用人即第三人了解汪国新诗书画院产权归属的情况及第三人与清江古城公司之间的债权纠纷下就将应当过户给第三人名下的房产办理了抵押登记，显然不属于善意第三人，抵押权的取得存在重大瑕疵。综上所述，招行宜昌分行对汪国新诗书画院房产及土地不享有抵押权。据此，法院（2015）鄂西陵民初字第 00862 号民事调解书确有错误，应予纠正。对于第三个争议焦点，第三人与清江古城公司签订的合作协议是双方当事人真实意思表示，虽然清江古城公司在本案审理过程中对该协议的真实性提出异议，但在长阳县人民法院审理互易合同纠纷一案中，清江古城公司也对该协议提出了异议，在两个案件的审理中均同样要求对公章真实性鉴定，但均未提交书面申请。根据合作协议约定的内容，第三人有权主张汪国新诗书画院的所有权，属于有独立请求权第三人。因（2016）鄂 0528 民初 764 号民事判决已判决燕山红公司与清江古城公司签订的《关于合作兴建汪国新美术馆的协议》有效，故不宜在本案一并解决汪国新诗书画院房屋的权属，第三人可在判决生效后再另行主张所有权的确认及过户诉请。

综上，依据《中华人民共和国物权法》第一百八十四条，《中华人民共和国民事诉讼法》第五十六条、第六十四条第一款、第一百四十四条、第二百零七条之规定，判决如下：

一、维持（2015）鄂西陵民初字第00862号《民事调解书》中第一项、第二项、第三项、第四项、第五项、第七项调解内容；

二、撤销（2015）鄂西陵民初字第00862号《民事调解书》中第六项调解内容。即撤销：原告招行宜昌分行对被告清江古城公司所有的房屋所有权证号为长阳房权证龙舟坪镇字第0015×××号的房屋、国有土地使用权证号为长阳国用（2012）第0040010×××号的国有土地使用权享有抵押权，若被告清江古城公司未按以上第二条、第三条约定的期限和金额履行，原告招商银行股份有限公司宜昌分行有权以上述抵押物折价或者以拍卖、变卖该抵押物的价款优先受偿；

三、驳回第三人燕山红公司的其他诉讼请求。

【法官后语】

本案处理重点在于本案所涉标的物是否属于社会公益设施，能否作为抵押财产进行抵押的问题。根据《中华人民共和国物权法》第一百八十四条的规定，学校、幼儿园、医院等以公益为目的的事业单位、社会团体的教育设施、医疗卫生设施和其他社会公益设施，不得抵押。汪国新诗书画院为长阳县文化体育局所属事业单位，汪国新诗书画院所使用的房屋属于典型的社会公益设施，因此不得作为抵押财产。同时，汪国新诗书画院自建成以来一直为第三人占有、使用，由于该房屋产权在2013年登记于清江古城公司名下，随即就被抵押登记给招行宜昌分行，用于抵押贷款，故招行宜昌分行在办理抵押登记手续时并未尽到充分核实义务，在未向占有使用人即第三人了解汪国新诗书画院产权归属的情况及第三人与清江古城公司之间的债权纠纷下就将应当过户给第三人名下的房产办理了抵押登记，显然不属于善意第三人，抵押权的取得存在重大瑕疵。故招行宜昌分行对汪国新诗书画院房产及土地不享有抵押权。

编写人：湖北省宜昌市西陵区人民法院　李敏

37

预告抵押登记与优先受偿权的认定

——汤某国诉衡阳合创房地产开发有限公司等第三人撤销之诉案

【案件基本信息】

1. 裁判书字号

湖南省衡阳市中级人民法院（2018）湘04民终874号民事判决书

2. 案由：第三人撤销之诉纠纷

3. 当事人

原告（被上诉人）：汤某国

被告（上诉人）：衡阳合创房地产开发有限公司（以下简称合创公司）、中国工商银行股份有限公司衡阳城中支行（以下简称工行城中支行）、王某于、李某艳

【基本案情】

2010年，王某于（借款人）、工行城中支行（贷款人）及合创公司（保证人）签订编号为：[住房] 字 [工] 行 [城中] 支行 [2010] 年 [114] 号《个人购房借款/担保合同》，合同约定："贷款人根据借款人的申请，同意向其发放以下第A中贷款，金额为29万元；本合同项下贷款用于购买第1套住房，房屋坐落于市高新区63号街区04号地块珠江愉景湾11栋×室，建筑面积149.35平方米；抵押物为尚未取得产权的房屋的，应在本合同签订之日起30天或贷款人另行要求的合理时间内办妥登记备案或预抵押登记手续。抵押人获得房屋所有权证书后，应在30天或贷款人要求的合理时间内办妥正式抵押手续。在贷款人取得房屋他项权利证书之前，抵押人的房屋所有权证书原件应交由贷款人保管。如抵押人未在上述时间内办妥正式抵押登记手续，并由此给贷款人造成损失的，应向贷款人予以足额赔偿。"2010年6月23日，衡阳市房地产产权监理处对坐落于蒸湘区蒸水大道36号珠江愉景湾9－11栋×室进行预购商品房抵押预告登记（预告登记权利人：工行城中支

行，预告登记义务人王某于，预告登记业务种类：预购商品房抵押预告登记，登记时间：2010年6月23日，权证号码：衡房预高新区字第08041×××号）。附件上载明该次抵押金额29万元整，抵押期限为2010年6月25日至2020年6月25日，抵押面积149.35平方米。涉案房产的信息为：（房屋坐落蒸湘区蒸水大道36号愉景湾9-11栋2×××室，房产证号：衡房权证蒸湘区字第08205×××号，房屋所有权人王某于，共有情况单独所有，登记时间2014年7月15日，建筑面积148.19平方米）。2012年3月15日，合创公司向王某于通过EMS邮寄产权办理通知书。2014年6月16日，王某于向税务机关缴纳涉案房屋的契税16611.92元。同日，王某于向合创公司缴纳涉案房屋办理相关的手续费380元。2014年6月16日，王某于申请办理产权转移登记手续。2014年8月12日，衡阳市人民政府为涉案房产办理国有土地使用权证（土地使用权人王某于，坐落衡阳市蒸湘区蒸水大道36号愉景湾9-11栋×室，权证号码衡国用地08×××号，使用权类型出让）。2014年8月12日，涉案房产被衡阳县人民法院查封［查封文号为（2014）蒸执字第261-1号，查封人：汤某国，查封原因为民间借贷，查封开始时间2014年8月12日，查封结束时间2016年8月11日］。2014年6月11日，另案汤某国在衡阳县人民法院起诉另案王某于、李某艳。2014年7月7日，衡阳市人民法院作出（2014）蒸民一初字第403号民事调解书。内容为：被告王某于一次性偿还原告汤某国借款本金396000元，并支付借款利息64500元。后被告王某于未履行生效法律文书所确定的法律义务，2016年6月13日，衡阳县人民法院作出（2014）蒸执字第261-3号执行裁定书，裁定将涉案房产的所有权及相应的其他权利归买受人段某芸所有，房产的财产权自本裁定送达买受人段某芸时起转移，买受人段某芸可持本裁定书到财产管理机构办理相关产权过户登记手续。2016年11月15日，衡阳市石鼓区人民法院作出（2016）湘0407民初665号民事判决书，判决工行城中支行对王某于提供的抵押物即坐落于衡阳市蒸湘区蒸水大道36号愉景湾9-11栋2×××室的房产享有优先受偿权，有权以该抵押财产折价或者以拍卖、变卖该财产的价款优先受偿。该民事判决书生效后，工行城中支行申请石鼓区人民法院强制执行。石鼓区人民法院于2016年12月15日发出协助执行通知书，内容为：请求衡阳县人民法院协助扣留该院拍卖的被申请人王某于所有的涉案房产的拍卖款26万元。2016年8月26日，衡阳县人民法院作出（2014）蒸执字第261号《复函》，内容为：工行城中支行，由于你行与王某于办理的是预抵押登记，你行对预抵押登记的房产拍卖价款是否享有优先受偿权应由生效的法律文书予以确认，在未有生效法律文书确认效力前，法院同意你行意见，将拍卖的涉案房产的拍卖款中的26万元予以保留在法院，待你行与王某于的借款纠纷案法律文书生效后再依法处理。涉案房产经衡阳县人民法院委托拍卖公司拍卖，买受人段某芸以514000元的最高价竞得。该款项已支付给原告23万元，另外26万元保留在衡阳县人民法院。

【案件焦点】

银行预告抵押登记是否享有优先受偿权。

【法院裁判要旨】

湖南省衡阳市石鼓区人民法院经审理认为：依据《中华人民共和国物权法》第二十条的规定："当事人签订买卖房屋或者其他不动产物权的协议，为保障将来实现物权，按照约定可以向登记机构申请预告登记。预告登记后，未经预告登记的权利人同意，处分该不动产的，不发生物权效力。预告登记后，债权消灭或者自能够进行不动产登记之日起三个月内未申请登记的，预告登记失效。"《房屋登记办法》[①] 第六十八条规定："预告登记后，未经预告登记的权利人书面同意，处分该房屋申请登记的，房屋登记机构应当不予办理。预告登记后，债权消灭或者自能够进行相应的房屋登记之日起三个月内，当事人申请房屋登记的，房屋登记机构应当按照预告登记事项办理相应的登记。"《城市房地产抵押管理办法》第三十二条规定："办理房地产抵押登记，应当向登记机关交验下列文件：（一）抵押当事人的身份证明或法人资格证明；（二）抵押登记申请书；（三）抵押合同；（四）《国有土地使用权证》、《房屋所有权证》或《房地产权证》，共有的房屋还必须提交《房屋共有权证》和其他共有人同意抵押的证明；（五）可以证明抵押人有权设定抵押权的文件与证明材料；（六）可以证明抵押房地产价值的资料；（七）登记机关认为必要的其他文件。"结合本案来看，2010年6月23日，依照被告工行城中支行的申请，衡阳市房地产产权监理处对坐落于蒸湘区蒸水大道36号珠江愉景湾9－11栋2×××室进行预购商品房抵押预告登记（预告登记权利人：工行城中支行，预

---

① 已失效。

告登记义务人王某于，预告登记业务种类：预购商品房抵押预告登记，登记时间：2010年6月23日，权证号码：衡房预高新区字第08041×××号）。2012年3月15日，被告合创公司向被告王某于通过EMS邮寄产权办理通知书。2014年6月16日，被告王某于向税务机关缴纳涉案房屋的契税16611.92元。同日，被告王某于向被告合创公司缴纳涉案房屋办理相关的手续费380元，并向被告合创公司申请办理产权转移登记手续。2014年8月12日，衡阳市人民政府为涉案房产办理国有土地使用权证（土地使用权人王某于，坐落于衡阳市蒸湘区蒸水大道36号愉景湾9－11栋2×××室，权证号码衡国用地08×××号，使用权类型出让）。同日，涉案房产被衡阳县人民法院查封［查封文号为（2014）蒸执字第261－1号，查封人：汤某国，查封原因为民间借贷，查封开始时间2014年8月12日，查封结束时间2016年8月11日］。因涉案房产被查封，衡阳市房地产产权监理处无法办理房屋的他项权（抵押权）等相关事项。衡阳市房地产产权监理处不能办理他项权（抵押权登记）的原因并不能全部归结于被告工行城中支行，而应归结于被告王某于未及时缴纳契税、办证的各项费用而导致未及时办理《国有土地使用权证》及《房屋所有权证》（被告王某于办理《房屋所有权证》的时间为2014年7月15日，办理《国有土地使用权证》的时间为2014年8月12日，而涉案房产被查封的时间亦为2014年8月12日）等原因，故本案并不属于法律规定的能够进行不动产登记之日起三个月内而未申请登记导致预告登记失效的情形，故涉案房产的预告登记并未失效。衡阳县人民法院已对涉案房产进行处分，法院不予过问。但依据《中华人民共和国物权法》第九条第一款："不动产物权的设立、变更、转让和消灭，经依法登记，发生效力；未经登记，不发生效力，但法律另有规定的除外"之规定，结合本案来看，被告工行城中支行申请衡阳市房地产产权监理处办理他项权（抵押权登记）未成的原因虽不能全部归结于被告工行城中支行，而应归结于被告王某于未及时缴纳契税、办证的各项费用而导致未及时办理《国有土地使用权证》及《房屋所有权证》等原因，但该原因并不能对抗法律的强制性规定，涉案房产未设定抵押登记，被告工行城中支行对涉案房产不享有优先受偿权，其损失应由被告王某于使用其他方式去填补。综上，依照《中华人民共和国物权法》第九条、第二十条，及《房屋登记办法》第六十八条，《城市房地产抵押管理办法》第三十二条，《中华人民共和国民事诉讼法》第五十六条第三款、第一百四十四条之规定，按缺席判决如下：

撤销法院（2016）湘0407民初665号民事判决第三项，即原告工行城中支行对被告王某于提供的抵押物即坐落在衡阳市蒸湘区蒸水大道36号珠江愉景湾9－11栋2×××室房产享有优先受偿权，有权以该抵押财产折价或者以拍卖、变卖该财产的价款优先受偿。

衡阳合创房地产开发有限公司、中国工商银行股份优先公司衡阳城中支行提起上诉。

湖南省衡阳市中级人民法院认为：本案的争议焦点为上诉人工行城中支行对涉案房屋能否享有优先受偿权。本案涉案房屋虽然办理了抵押预告登记，但该预告登记与抵押权设立登记具有不同的法律性质。根据《中华人民共和国物权法》等相关法律规定，预告登记后，未经预告登记权利人同意，处分该不动产的，不发生物权效力。预告登记后，债权消灭或者自能够进行不动产登记之日起三个月内未申请登记的，预告登记失效。即抵押权预告登记所登记的并非现实的抵押权，而是将来发生抵押权变动的请求权。该请求权具有排他效力。预告登记权利人可以行使两方面的请求权：一是在具备本登记条件时，向登记机构提交相关资料后办理本登记，并在此基础上行使抵押权以实现债权的优先受偿；二是向人民法院起诉，请求判令预告登记义务人完成本登记，以胜诉判决替代预告登记义务人申请登记的意思表示，然后在此基础上行使抵押权以实现债权的优先受偿。因此，上诉人工行城中支行作为涉案房屋抵押权预告登记的权利人，在未办理涉案房屋抵押权设立登记之前，其享有的是当抵押登记条件成就或约定期限届满对涉案房产办理抵押权登记的请求权，并可排他性地对抗他人针对涉案房产的处分，但并非对涉案房屋享有现实抵押权。合创公司于2012年3月15日通知王某于办理案涉房屋产权，故涉案房屋即可办理《国有土地使用权证》《房屋所有权证》。涉案房屋未能完成抵押权预告登记转为本登记，虽然与王某于未按期提供办证所需资料以及办证过程中衡阳县人民法院查封案涉房屋有一定的关联，但上述原因并不必然导致工行城中支行不能完成抵押权登记。因涉案抵押权尚未设立，一审法院认定工行城中支行对案涉房屋不能获得优先受偿正确。

综上所述，衡阳合创房地产开发有限公司、工行城中支行的上诉请求不能成立，应予驳回；一审判决认定事实清楚，适用法律正确，应予维持。依照《中华人民共和国民事诉讼法》第一百四十四条、第一百七十条第一款第一项之规定，判决如下：

驳回上诉，维持原判。

【法官后语】

商品房预告抵押登记不同于正式的抵押登记，预告抵押登记在能够办理正式抵押手续时应该在三个月内正式办理抵押手续，逾期未办理，预告抵押登记将失去法律效力。预告抵押登记是在房屋办理产权之前，贷款银行、开发商、消费者之间购房款流通变现提供可能，银行为实现其债权，在能够办理正式抵押登记手续之前办理了预告抵押。因不能归责于权利人的原因导致未及时办理正式抵押手续的，预告抵押登记不一定失效。但是根据物权法定原则，预告抵押登记并不等于抵押权的物权登记，故在正式办理抵押权登记之前，不能享有抵押权的优先受偿权。

编写人：湖南省衡阳市石鼓区人民法院　何小彦

38

预抵押登记不等于抵押登记

——中国工商银行股份有限公司高密支行诉李某强、刘某燕借款抵押合同案

【案件基本信息】

1. 裁判书字号

山东省高密市人民法院（2018）鲁 0785 民初 1828 号民事判决书

2. 案由：借款抵押合同纠纷

3. 当事人

原告：中国工商银行股份有限公司高密支行（以下简称高密工行）

被告：李某强、刘某燕

【基本案情】

2012 年 5 月 11 日，被告李某强、刘某燕为购买某预售房屋，向原告高密工行申请按揭贷款，双方签订个人购房借款抵押合同一份，约定两被告从原告处借款 29 万元，期限 15 年，原、被告为该房屋办理了抵押权预告登记（下称预抵押登记）。高密工行按照上述合同约定发放了借款，两被告本息付至 2017 年 11 月 24 日，尚欠本金 228631.29 元和剩余约定利息未付。原告请求两被告偿还借款本金 228631.29 元及约定利息，并对房屋享有优先受偿权。

【案件焦点】

贷款时仅办理预抵押登记而未办理抵押登记，银行对按揭房屋是否享有优先受偿权。

【法院裁判要旨】

山东省潍坊市高密市人民法院经审理认为：原、被告之间签订的个人购房借款/担保合同真实有效。原告按约向两被告交付了借款，两被告理应按约偿付本息，逾期原告可通过诉讼方式按约提前收回本息，两被告应承担律师费，故原告该诉称，本院予以支持。原、被告之间的抵押合同真实有效，但仅办理预抵押权登记而未办理房权证和抵押权登记，抵押权未设立，故原告诉称享有优先受偿权，本院不予支持。原告主张律师费，并提供律师事务所收款收据一份，但并未提交委托代理合同、律师费发票、支付凭证，故原告该诉称证据不足，暂不予认定，可待证据充分后另案起诉。两被告未出庭应诉，亦未提交答辩意见，视为对自己诉讼权利的放弃。依照《中华人民共和国合同法》第四十四条、第二百零五条、第二百零六条、第二百零七条，《中华人民共和国物权法》第二十三条、第一百八十七条，《中华人民共和国民事诉讼法》第一百四十四条之规定，判决如下：

一、被告李某强、刘某燕偿付原告高密工行借款本金 228631.29 元；

二、被告李某强、刘某燕偿付原告高密工行约定利息（228631.29 元自 2017 年 11 月 25 日起至实际付清之日止，按约定罚息利率计算）；

三、被告李强某、刘某燕偿付原告高密工行约定复利（以上述第二项为基数，自 2017 年 11 月 25 日起至实际付清之日止，按约定罚息利率计算）；

四、驳回原告高密工行的其他诉讼请求。

【法官后语】

本案原、被告之间签订的借款抵押合同，意思表示真实一致，且不违反法律法规的强制性规定，应当认定合法有效。根据《中华人民共和国物权法》第二十条的规定，原告为保障将来抵押权实现，可以与两被告按照合同约定就预售房屋向登记机构申请预抵押登记。但预抵押登记的不是房屋的抵押权，而是原告将来对两被告房屋办理抵押登记的请求权。银行作为预抵押登记的权利人，享有的是当抵押登记条件成就或合同约定的期限届满时，要求两被告办理抵押登记的请求权。该请求权具有排他效力，因为抵押合同经过预抵押登记后已经发生公示效力，若两被告对所购房屋进行再次交易，第三人应当知悉该房屋担负着可能设立的抵押权，将不存在善意取得的合法性。但预告登记不是所有权登记，预抵押登记也不等于抵押登记，预告登记与所有权登记、预抵押登记与抵押登记均具有不同的法律性质和法律效力。预抵押登记只有经过所有权登记和抵押登记后，抵押权方设立，银行才对房屋享有优先受偿权。

编写人：山东省潍坊市高密市人民法院　张玉霞

39

主债权纠纷胜诉后抵押权人另诉行使抵押权应受保护

——北京轻联富佳商贸有限公司诉刘某芝抵押权案

【案件基本信息】

1. 裁判书字号

北京市第二中级人民法院（2018）京02民终1165号民事判决书

2. 案由：抵押权纠纷

3. 当事人

原告（上诉人）：北京轻联富佳商贸有限公司（以下简称轻联富佳公司）

被告（被上诉人）：刘某芝

第三人（原审第三人）：刘某

【基本案情】

2013 年 8 月 2 日，轻联富佳公司（甲方）、北京正江房地产开发有限公司（乙方）与北京华帮兴业商务管理有限公司（丙方，以下简称华帮公司）签订《债务转移协议书》，约定将乙方债务转移至丙方承担，丙方于 2013 年 8 月 2 日前向甲方支付 200 万元，于 2013 年 12 月 31 日之前支付剩余 400 万元。

2013 年 8 月 7 日，为担保债务履行，华帮公司法定代表人张某之妻刘某芝以名下涉案房屋设定抵押，并办理抵押登记。

2014 年 6 月，轻联富佳公司以华帮公司、刘某芝未履行《债务转移协议书》为由向法院提起诉讼。该案诉讼过程中，轻联富佳公司撤回对刘某芝的起诉。2014 年 12 月 16 日，北京市丰台区人民法院（以下简称丰台法院）作出（2014）丰民（商）初字第 12124 号民事判决，判令华帮公司给付轻联富佳公司欠款 400 万元和违约金 40 万元。华帮公司不服并提起上诉，后撤回上诉。

2015 年 8 月 20 日，丰台法院受理轻联富佳公司依据（2014）丰民（商）初字第 12124 号民事判决书对华帮公司提出的强制执行申请。该案执行程序直至本案二审判决作出时仍在进行中，轻联富佳公司和刘某芝均述称华帮公司尚未履行上述民事判决确定的债务。

2017 年 7 月 19 日，轻联富佳公司提起本案诉讼，要求就刘某芝提供的抵押房产实现抵押权。

【案件焦点】

债权人能否在法院判决支持主债权后另行起诉抵押人要求行使抵押权。

【法院裁判要旨】

北京市丰台区人民法院经审理认为：根据《中华人民共和国物权法》第二百零二条的规定，抵押权人应当在主债权诉讼时效期间行使抵押权；未行使的，人民法院不予保护。（2014）丰民（商）初字第 12124 号判决系对涉案主债权的最终确认，该判决作出后，轻联富佳公司的债权请求权消灭，不存在诉讼时效中断重新计算的问题。现轻联富佳公司向刘某芝主张抵押权，已经超过主债权的诉讼时效期间，不应得到法院的支持，综上所述，依据《中华人民共和国物权法》第二百零二条之规定，判决如下：

驳回轻联富佳公司的全部诉讼请求。

轻联富佳公司提起上诉。北京市第二中级人民法院经审理认为：第一，从文义解释角度看，法律虽规定抵押权人未在主债权诉讼时效期间行使抵押权的，法院不予保护，但根据《最高人民法院关于审理民事案件适用诉讼时效制度若干问题的规定》第十三条的规定，申请强制执行与提起诉讼具有同等的诉讼时效中断的效力。债权人轻联富佳公司对华帮公司提起诉讼，且已对生效判决申请强制执行，执行程序尚在进行中，故主债权的诉讼时效中断。本案中，轻联富佳公司仍属在主债权诉讼时效期间行使抵押权，应受法院保护。第二，从目的解释角度看，主债权因超过诉讼时效期间而丧失胜诉权和强制执行力的，法院对作为从权利的抵押权亦不再保护，是为防止对主权利和从权利的保护失衡以及出现抵押人追偿困境。而轻联富佳公司的主债权经生效判决支持后，该债权并非丧失胜诉权，而是实现胜诉权；其并非丧失强制执行力，而是取得强制执行的依据。第三，从体系解释角度看，法院在主债权判决生效后对抵押权予以保护，不会导致抵押权人与抵押人之间的利益失衡。如若抵押权人在主债权判决生效后怠于行使抵押权而妨碍抵押人利益，抵押人可以根据《中华人民共和国民事诉讼法》第一百九十六条和《最高人民法院关于适用〈中华人民共和国民事诉讼法〉的解释》第三百六十一条的规定，向法院申请实现抵押权，从而平衡抵押权人与抵押人的利益。

依照《中华人民共和国物权法》第一百七十九条、第一百九十五条、第二百零二条，《最高人民法院关于审理民事案件适用诉讼时效制度若干问题的规定》第十三条第六项，《中华人民共和国民事诉讼法》第一百七十条第一款第二项之规定，判决如下：

一、撤销北京市丰台区人民法院（2017）京 0106 民初 19350 号民事判决；

二、轻联富佳公司对北京市丰台区人民法院（2014）丰民（商）初字第 12124 号民事判决第一项、第二项确定的 440 万元债权有权以拍卖、变卖 X 京房他证丰字第 135881 号房屋他项权证项下的抵押物所得的价款优先受偿；

三、驳回轻联富佳公司的其他诉讼请求。

【法官后语】

《中华人民共和国物权法》第二百零二条规定："抵押权人应当在主债权诉讼时效期间行使抵押权；未行使的，人民法院不予保护。"在适用该条规定处理本案所涉问题时，存在三种不同裁判尺度：

第一种观点认为，债权人已就主债权提起诉讼并形成生效判决，主债权诉讼时效不再继续存在，抵押权行使期间亦随之届满，债权人的抵押权因此消灭。

第二种观点认为，债权人在主债权纠纷已形成具备强制执行力之判决后，另诉主张抵押权，实为在主债权诉讼时效届满后主张抵押权，抵押权本体虽仍存在，抵押权人却已丧失胜诉权。

第三种观点认为，主债权诉讼时效因债权人就主债权纠纷起诉、申请强制执行而中断，债权人在此期间另诉行使抵押权的，人民法院应予支持。

本案持第三种观点，理由如下：

1. 主债权诉讼时效因权利人就主债权起诉、申请执行而中断

首先，设立诉讼时效制度，旨在维护交易秩序，促使权利人尽早行使权利，并避免债务人因时日久远而举证困难。而债权人起诉后，诉讼时效制度已发挥上述功能，诉讼时效制度施加于债权人身上的不利影响应被消除。其次，从公平角度考虑，若债权人未起诉，则其诉权依法受三年诉讼时效保护，且该时效还可能出现中止、中断事由；相反，权利人提起诉讼、申请强制执行，乃是积极行使权利的表现，但却因此导致诉讼时效届满，其债权保护期反而短于未起诉者，显失公平。最后，主债权经生效判决支持的法律效果不同于主债权丧失胜诉权和强制执行力，即使从狭义诉讼时效观点出发，主债权判决生效后诉讼时效制度的功能已经实现，主债权不再受诉讼时效约束，则依托主债权诉讼时效期间而设定的抵押权行使期间限制不复存在，债权人行使抵押权亦应受法院保护。

2. 权利人在主债权诉讼时效中断期间主张抵押权，乃是在抵押权行使期间内主张权利，应受法院保护

首先，抵押权的功能是为债权的实现提供保障，故其行使期间应依附于主债权诉讼时效期间加以判断。承认主债权诉讼时效中断事由对抵押权行使期间的影响力，将更契合抵押权的设立目的：因诉讼时效尚未届满，故采此观点不会产生前述追偿困境，也不会导致抵押人产生预期之外的债务风险，亦与抵押权之从属性相

符；在主债权人并未怠于主张主债权的情况下，此观点有助于更好地实现抵押权设立之目的，平衡抵押权人与抵押人的利益。

其次，采此观点不会导致各方当事人利益失衡。我国法律已为避免抵押权人怠于行使权利作出了制度设计，抵押人可依据《中华人民共和国民事诉讼法》第一百九十六条，《最高人民法院关于适用〈中华人民共和国民事诉讼法〉的解释》第三百六十一条的规定，通过实现担保物权案件特别程序申请实现抵押权。

综合以上理由，主债权经生效判决支持的法律效果不同于主债权诉讼时效期间届满，债权人有权在主债权纠纷胜诉后另诉行使抵押权。抵押人以主债权纠纷已审结为由，主张依据《中华人民共和国物权法》第二百零二条对抵押权不予保护的，人民法院对该主张不予支持。二审改判突破了此前不同法院生效裁判的束缚，论理透彻，有力保护抵押权人的合法权益，有效促进裁判尺度统一。一方当事人向北京市高级人民法院申请再审，亦被裁定驳回再审申请，佐证了二审判决新的论理思路的说服力。

编写人：北京市第二中级人民法院　孙兆晖　张翼

40

主债权诉讼时效一直没有届满，则抵押权一直存续而未消灭

——四川广汉农村商业银行股份有限公司诉四川省泸州市叙永县金虹肥业有限责任公司破产债权确认案

【案件基本信息】

1. 裁判书字号

四川省泸州市叙永县人民法院（2018）川0524民初442号民事判决书

2. 案由：破产债权确认纠纷

3. 当事人

原告：四川广汉农村商业银行股份有限公司（以下简称广汉信用社）

被告：四川省泸州市叙永县金虹肥业有限责任公司（以下简称金虹公司）

【基本案情】

2013年2月1日，广汉信用社与案外人广汉路桥公司签订《流动资金借款合同》，约定广汉路桥公司向广汉信用社借款10000000元，还款时间为2014年1月31日。同日，被告金虹公司与广汉信用社签订《抵押合同》，约定被告以其位于泸州市叙永县营门口97号（原氮肥厂）的10T锅炉等机器设备3572台（件、套）为案外人广汉路桥公司的前述借款提供抵押担保，并约定了担保范围。2月4日，原、被告在四川省泸州市叙永县工商行政管理局办理了动产抵押登记［登记编号：川工商泸叙抵字（2013）第5号］。因广汉路桥公司未按约向广汉信用社偿还前述借款，广汉信用社以广汉路桥公司、金虹公司、案外人陈某武、李某宜、陈某庆为被告提起诉讼。四川省德阳市中级人民法院于2015年5月5日受理了广汉信用社提起的诉讼，2016年3月16日作出（2015）德民二初字第90号民事判决，判决内容为“一、被告四川省广汉路桥工程有限公司于本判决生效之日起三十日内向原告广汉农村信用合作联社归还借款本金10000000元及利息1782000.00元，本息合计11782000.00元（利息计算至2015年4月21日，以后利息从2015年4月22日起计算至借款还清时止，利率为固定月利率9‰上浮50%，即13.5‰）；二、被告陈某武、李某宜、陈某庆对被告四川省广汉路桥工程有限公司应承担的上述债务承担连带保证责任；三、驳回原告的其他诉讼请求”。四川省德阳市中级人民法院作出判决后，前述涉案被告未按判决偿还借款，广汉信用社向四川省德阳市中级人民法院申请执行。2016年6月27日，四川省德阳市中级人民法院受理广汉信用社申请执行广汉路桥公司、金虹公司、李某宜、陈某武、陈某庆金融借款合同纠纷案。2015年12月16日，广汉信用社更名为广汉农商行。2016年12月21日，原告向被告至函，请求确认对被告的3572台（套、件、米）机器设备的抵押合法有效，对抵押物处置价款享有优先受偿权。被告认为原告未在诉讼时效期间内行使抵押权，其抵押权已消灭，未予以确认。

【案件焦点】

原告行使抵押权是否已过期间。

【法院裁判要旨】

四川省泸州市叙永县人民法院经审理认为：广汉信用社与被告金虹公司签订的抵押合同系双方当事人的真实意思表示且未违反法律法规的规定，对双方当事人具有法律约束力。广汉信用社已更名为广汉农商行，原告广汉农商行有权继受广汉信用社的权利义务。原、被告对抵押物及抵押担保范围均无异议，法院依法予以确认。关于原告行使抵押权是否已过期间问题，法院作如下评议：《中华人民共和国物权法》第一百七十七条规定："有下列情形之一的，担保物权消灭：（一）主债权消灭；（二）担保物权实现；（三）债权人放弃担保物权；（四）法律规定担保物权消灭的其他情形。"被告未能证明原告的抵押权属于法律规定的担保物权消灭的前三种情形，对此三种消灭担保物权的情形予以排除。《中华人民共和国物权法》第二百零二条规定："抵押权人应当在主债务诉讼时效期间行使抵押权；未行使的，人民法院不予保护。"依据物权法原理，诉讼时效并不适用抵押权，《中华人民共和国物权法》第二百零二条所规定理解为抵押权随主债权诉讼时效的经过而消灭更为恰当，故《中华人民共和国物权法》第二百零二条应视为《中华人民共和国物权法》第一百七十七条第四项规定的情形。换言之，如果主债权诉讼时效一直没有届满，则抵押权一直存续而未消灭。《流动资金借款合同》约定还款期限为2014年1月31日，主债权的诉讼时效届满日期为2016年1月31日。2015年5月5日前，原告以广汉路桥公司、金虹公司、案外人陈某武、李某宜、陈某庆为被告，向四川省德阳市中级人民法院提起诉讼，主债权诉讼时效已中断。2016年6月27日，四川省德阳市中级人民法院受理广汉信用社申请执行广汉路桥公司、金虹公司、李某宜、陈某武、陈某庆金融借款合同纠纷案，原告对广汉路桥公司的诉讼时效再次中断。故原告于2016年12月21日向被告至函，请求确认对被告的3572台（套、件、米）机器设备的抵押合法有效，对抵押物处置价款享有优先受偿权时，原告对广汉路桥公司的主债权诉讼时效并未经过。在四川省德阳市中级人民法院于2015年5月5日受理的广汉信用社与广汉路桥公司、金虹公司、案外人陈某武、李某宜、陈某庆之间的金融借款合同纠纷案中，原告已向被告金虹公司主张权利，虽因其主张权利不符合法律规定未得到法院支持，但并不能改变原告在主债权诉讼时效期间内主张过权利的事实。在四川省德阳市中级人民法院于2016年3月16日作出（2015）德民二初字第90号民事判决后，原告于2016年12月21日向被告至函，请求确认对被告的3572台（套、件、米）机器设备的抵押合法有效，对抵押物处置价款享有优先受偿权；原告的抵押权同样未过期间。综上，被告辩称原告主张抵押权已过期间的理由并不成立，法院对被告的此项辩驳主张依法不予采纳。《抵押合同》约定担保范围为主合同项下全部债务，故原告在其对广汉路桥公司所享有的债权范围内，有权以被告的3572台（套、件、米）机器设备折价或者拍卖、变卖后所得价款优先受偿。

四川省泸州市叙永县人民法院依照《中华人民共和国企业破产法》第五十八条规定，判决如下：

确认在四川省德阳市中级人民法院（2015）德民二初字第90号民事判决书确认的广汉信用社对广汉路桥公司享有的债权范围内，原告广汉信用社有权以被告金虹公司所有的3572台（套、件、米）机器设备［登记编号为川工商泸叙抵字（2013）第5号动产抵押物清单所记载］折价或者拍卖、变卖后所得价款优先受偿。

【法官后语】

抵押权是担保物权的一种，是为担保主债权实现而设立的从权利，属于生活中普遍应用的保障债权的方式，主要通过其优先受偿效力得以实现。抵押权具有从属性，主债权消灭抵押权也随之消灭。关于本案的焦点即原告行使抵押权是否已过期限问题：本案中，被告未能证明原告的抵押权属于《中华人民共和国物权法》第一百七十七条规定的担保物权消灭的前三种情形。依据物权法原理，诉讼时效并不适用抵押权，《中华人民共和国物权法》第二百零二条所规定理解为抵押权随主债权诉讼时效的经过而消灭更为恰当，故《中华人民共和国物权法》第二百零二条应视为《中华人民共和国物权法》第一百七十七条第四项规定的情形。换言之，如果主债权诉讼时效一直没有届满，则抵押权一直存续而未消灭。本案中，原告在主债权诉讼时效届满前向四川省德阳市中级人民法院提起诉讼，构成主债权诉讼时效的中断。2016年6月27日，四川省德阳市中级人民法院受理广汉信用社申请执行广汉路桥公司等金融借款合同纠纷案，原告对广汉路桥公司的诉讼时效再次中断。故原告于2016年12月21日向被告至函，请求确认抵押合法有效，对抵押物处置价款享有优先受偿权时，原告对广汉路桥公司的主债权诉讼时效并未经过，抵押权未过期间。故原告在其对广汉路桥公司所享有的债权范围内，有权以被告的3572台

（套、件、米）机器设备折价或者拍卖、变卖后所得价款优先受偿。

编写人：四川省泸州市叙永县人民法院 葛一波

41

最高额抵押登记记载内容与抵押合同约定不一致时债权担保范围的认定

——威海银通融资担保有限公司诉威海市环翠区信元小额贷款有限公司等第三人撤销之诉案

【案件基本信息】

1. 裁判书字号

威海市环翠区人民法院（2018）鲁1002民撤3号民事判决书

2. 案由：第三人撤销之诉纠纷

3. 当事人

原告：威海银通融资担保有限公司（以下简称银通公司）

被告：威海市环翠区信元小额贷款有限公司（以下简称信元公司）、王某颖、王某波、历某、戚某静

【基本案情】

2016年7月20日，王某颖与信元公司签订借款合同，向信元公司借款5000000元。历某等与信元公司签订保证合同，为上述借款合同提供连带责任保证。

同日，王某颖与信元公司签订最高额抵押合同，约定为确保王某颖与信元公司于2016年7月20日至2017年1月16日已经签订或将要签订的多个主合同项下债务人的义务得到履行，王某颖将位于北京市丰台区政馨园一区1号楼1层至2层09室作为借款抵押物抵押给信元公司；担保的债权自2016年7月20日起至2019年7月20日止债权人与债务人之间所产生的全部债权债务，最高本金金额不超过600

万元；抵押担保的范围包括因主合同产生的本金、利息、违约金、实现债权的费用、因债务人违约给债权人造成的损失和其他所有应付费用。

同日，信元公司将借款5000000元汇入王某颖指定账户。次日，上述房产办理抵押登记，记载抵押权种类为最高额抵押、被担保数额为6000000元。

2016年8月17日，王某颖与信元公司签订借款合同向信元公司借款1000000元，历某等为上述借款提供连带责任保证。同日，信元公司将借款1000000元汇入王某颖指定的账户。

2016年9月5日，威海皓菲集团有限公司（以下简称皓菲集团）同威海市商业银行张村支行（以下简称商行张村支行）签订借款额度为800万元的《流动资金借款合同》，原告同商行张村支行就皓菲集团上述借款一事签订《保证合同》，2016年9月13日，原告同皓菲集团、王某颖等人签订《委托担保合同》，约定原告对皓菲集团借款中的500万元向商行张村支行承担连带保证责任，王某颖以其坐落于北京市丰台区政馨园一区1号楼1层至2层09室的房屋向原告提供二次抵押反担保，并办理房屋抵押登记，担保金额为500万元。2016年9月14日，商行张村支行向皓菲集团发放800万元款项。2017年7月3日，皓菲集团被山东省威海市中级人民法院裁定重整，商行张村支行催收其偿还借款本息无果后，原告按上述《保证合同》代其清偿了借款本息即5162522.27元。皓菲集团至今尚未归还原告为其垫付的款项。

因王某颖未偿还借款本金及期后的利息，信元公司于2017年7月17日将王某颖等诉至威海市环翠区人民法院，威海市环翠区人民法院以（2017）鲁1002民初3487号民事判决判令王某颖偿还借款本金及利息，并支付律师代理费、诉讼财产责任保险费用等，信元公司对王某颖名下位于北京市丰台区政馨园一区一号楼1层至2层09室的房产就拍卖、变卖所得价款在上述债权范围内享有优先受偿权等。

原告后知悉相应情况，认为（2017）鲁1002民初3487号民事判决对其权益产生影响，故提起本案之诉，请求撤销相应判项。

【案件焦点】

涉案抵押物对被告信元公司所享有债权的担保范围。

【法院裁判要旨】

山东省威海市环翠区人民法院经审理认为：信元公司与王某颖就涉案抵押物签订最高额抵押合同虽约定最高限额为本金限额，但与抵押登记中显示被担保数额不一致，根据物权公示原则及相关规定，本案登记记载被告王某颖以涉案房屋为被告信元公司债权抵押担保的种类为最高额抵押担保，被担保数额为600万元，具有公示效力。且从最高额抵押的立法本意及法律特征来看，最高额抵押与一般抵押的区别在于为将来一定期间内发生的债权提供担保，系限额抵押，故应对其担保的债权范围予以明确公示，本案原、被告合同约定为最高本金限额，对于该种约定虽并无法律明确限制或禁止，但办理抵押登记时未对此予以明确公示记载，不能对于未登记记载的担保范围而产生对抗善意第三人的优先效力，不利于其他合法债权人的保护，亦与物权法、担保法关于最高额抵押相关规定的立法本意相悖。

依照《中华人民共和国物权法》第一百九十九条、第二百零三条、第二百零七条，《中华人民共和国担保法》第五十四条、第五十九条，《最高人民法院关于适用〈中华人民共和国担保法〉若干问题的解释》第六十一条、第八十三条，《中华人民共和国民事诉讼法》第五十六条之规定，作出如下判决：

一、撤销（2017）鲁1002民初3487号民事判决书第五项；

二、被告信元公司对被告王某颖名下位于北京市丰台区政馨园一区一号楼1层至2层××室的房产就拍卖、变卖所得价款在600万元限额内享有优先受偿权。

【法官后语】

不动产物权的变动以登记方法公示，抵押物登记记载的内容与抵押合同约定的内容不一致的，应以登记记载的内容为准。且最高额抵押与一般抵押的区别在于最高额抵押为将来一定期间内发生的债权提供担保，系限额抵押，在此情况下，最高额抵押登记应对其担保的债权范围予以明确公示。在本案中，王某颖与信元公司签订的最高额抵押合同约定为最高本金限额，对于该种约定虽并无法律明确限制或禁止，但在办理抵押登记时并未对此予以明确公示记载，不能对于未登记记载的担保范围而产生对抗善意第三人的优先效力，否则不利于其他合法债权人的保护，亦与物权法、担保法关于最高额抵押相关规定的立法本意相悖。

编写人：山东省威海市环翠区人民法院　宫伟丽

42

监护人以未成年人名下财产设定抵押的效力

——长城华西银行股份有限公司小企业信贷中心诉邹某艳等金融借款合同案

【案件基本信息】

1. 裁判书字号

四川省德阳市中级人民法院（2019）川06民终418号民事判决书

2. 案由：金融借款合同纠纷

3. 当事人

原告（上诉人）：长城华西银行股份有限公司小企业信贷中心（以下简称长城西华银行小贷中心）

被告（被上诉人）：邹某艳、彭某、叶某、彭某乾、孔某琼、宋某平

【基本案情】

2017年11月7日，邹某艳与长城华西银行小贷中心签订《借款合同》，主要约定：长城华西银行小贷中心向邹某艳发放贷款300万元，贷款用于购买材料。

邹某艳以宋某平名义与长城华西银行小贷中心签订《最高额抵押合同》（《最高额抵押合同》时，宋某平属无民事行为能力的未成年人），以宋某平名下的营业用房及土地使用权为邹某艳向长城华西银行小企业信贷中心的借款提供抵押担保，并办理了抵押登记。借款到期后，邹某艳未能依照约定清偿借款，长城华西银行小贷中心遂提起诉讼，要求邹某艳偿还借款、宋某平承担抵押担保责任并对抵押财产享有优先受偿权。

【案件焦点】

最高额抵押合同的效力及长城华西银行小贷中心是否可以基于善意取得涉案房

屋抵押权。

【法院裁判要旨】

四川省德阳市旌阳区人民法院经审理认为：监护人除为维护未成年人利益外，不得处分未成年人的财产，监护人应当按照最有利于未成年人的原则履行监护职责。监护人非为未成年人的利益以未成年人名义与抵押权人签订的抵押合同，侵犯了未成年人的合法利益，应当认定抵押合同无效。四川省德阳市旌阳区人民法院经审理认为：依照《中华人民共和国合同法》第一百零七条、第二百零五条、第二百零六条、第二百零七条，《中华人民共和国担保法》第十八条之规定，判决如下：

一、被告邹某艳于本判决生效之日起十日内向原告长城西华银行小贷中心归还借款本金 2990800 元及截至 2018 年 12 月 19 日的逾期利息 40690．67 元，并向原告长城西华银行小贷中心支付之后的逾期利息，计算方法：以未还本金为基数，从 2018 年 12 月 20 日起按照月利率 12‰计算至本判决确定的给付之日止；若未按照本判决确定的给付之日给付本金，则上述逾期利息计算至本金付清之日止；

二、被告彭某、叶某、彭某乾、孔某琼对被告邹某艳由本判决第一项所确定的债务承担连带清偿责任；

三、驳回原告长城西华银行小贷中心的其他诉讼请求。

长城西华银行小贷中心提起诉讼。四川省德阳市中级人民法院经审理认为：法院认定事实清楚，适用法律正确，应予维持。依照《中华人民共和国民事诉讼法》第一百七十条第一款第一项之规定，判决如下：

驳回上诉，维持原判。

【法官后语】

监护人为融资需要以未成年人的财产提供抵押担保，金融机构为保障贷款安全接受担保，并办理抵押登记。在司法实践中，对该类抵押合同的效力认定存在分歧：一是无效说，二是有效说，三是效力待定说。认定抵押合同的效力应当考察以下两个因素：

一、监护人在未成年人的财产上设定抵押时，是否遵循最有利于未成年人的原则。由于未成年人心智发展水平、行为能力有欠缺，必须辅之以监护人的良好照顾才能将其利益落到实处，这就决定了对未成年人的保护必须以未成年人最大利益为价值导向。监护人虽有权代未成年人履行民事法律行为，但该代理行为受到法律的严格限制。民法总则确立了监护人履行监护职责应当遵循最有利于未成年人的原则，为未成年人的利益设置特殊保护，确保未成年人的人身、财产及其他合法权益得到充分保障。何为最有利于未成年人原则，抑或如何理解为未成年人利益？我国法律没有具体明确的规定或解释，但至少应包含以下含义：一是在处理涉及未成年人财产时，应以未成年人为本位，从其根本利益、长远利益出发分析和解决问题，如只为未成年人设定权利而非义务或设定的权利大于义务的，可以认定属于为未成年人利益；二是将未成年人作为一个独立的法律个体予以尊重，而不是作为家庭的“附属物”，摒除未成年人由监护人抚养，其名下的不动产系监护人出资购买，监护人处分未成年人财产理所当然等观念；三是未成年人利益与其他个体利益甚至局部社会利益发生冲突时，应当优先考虑未成年人利益。监护人非为未成年人的利益以未成年人名下的财产提供抵押担保，增加了未成年人的财产被处置的风险，有损未成年人的利益，应当认定为无效。

二、抵押权人在设立抵押过程中是否就监护人系为未成年人利益设定抵押履行了谨慎注意义务。以未成年人名下财产提供抵押担保，即使已经签订相关抵押合同并办理抵押登记手续，仍会存在法律风险。为避免无效担保，确保担保债权实现，实现贷款安全和经济效益最大化，抵押权人应将贷款担保管理作为贷款风险管理重要内容，在接受监护人以未成年人的财产作为担保财产时，应履行审慎注意义务，严格审查监护人是否系为未成年人的利益设定抵押。通常认为监护人出于为未成年人的健康成长如教育、治病等而处置未成年人名下财产可以认定为为未成年人利益，除此之外，监护人不得以任何理由为未成年人财产设定抵押等方式处分未成年人的财产。同时，抵押权人应就其尽到审慎注意义务承担证明责任，如提交未成年人的监护人提交的经过公证的声明，明确载明监护人以未成年人的财产设定抵押系为了未成年人的利益、具体贷款用途、理由及监护人愿意承担非为未成年人利益导致抵押合同无效的后果等内容，还可辅助提交为未成年人利益需要的相关载明如入学通知书、病历等。

编写人：四川省德阳市中级人民法院　毛文婷

四、质　押

43

房产抵押与租金质押并存时的租金权利冲突及顺位

——中国光大银行股份有限公司温州柳市小微企业专营支行诉佳乐电气有限公司等金融借款合同案

【案件基本信息】

1. 裁判书字号

浙江省温州市中级人民法院（2018）浙03民终1694号民事判决书

2. 案由：金融借款合同纠纷

3. 当事人

原告（上诉人）：中国光大银行股份有限公司温州柳市小微企业专营支行（以下简称光大银行柳市小微支行）

被告（被上诉人）：佳乐电气有限公司（以下简称佳乐公司）、浙江振福电器有限公司（以下简称振福公司）、李某

第三人：杭州坤盛资产管理有限公司（以下简称坤盛资产公司）

【基本案情】

2014年11月10日，光大银行柳市小微支行与佳乐公司签订了借款金额为400万元，借款期限自2014年11月10日至2015年11月9日的《流动资金贷款合同》。同日，光大银行柳市小微支行与振福公司、李某分别签订了编号均为2014063S1670的《最高额保证合同》，为上述债务提供最高本金余额均为400万元的最高额保证

担保；佳乐公司作为出质人以其依法所有或有权处分的位于乐清市柳市镇柳翁西路171号1层、2层办公楼租金向光大银行柳市小微支行出质，双方签订了编号为2014063S1670的《最高额质押合同》，为上述债务提供最高主债权本金余额为400万元的最高额质押担保，并办理了质押登记手续。上述合同签订后，光大银行柳市小微支行依约发放贷款，截至2017年9月4日，佳乐公司尚欠光大银行柳市小微支行借款本金348.709379万元及相应利息，担保人亦未依约履行相应的担保责任。故光大银行柳市小微支行起诉要求佳乐公司偿还借款本息；振福公司、李某承担连带清偿责任；光大银行柳市小微支行有权就佳乐公司提供质押的乐清市柳市镇柳翁西路171号1层、2层办公楼租金优先受偿。

2013年12月13日，华夏银行股份有限公司温州分行（以下简称华夏银行温州分行）与佳乐公司签订了编号为WZ26（高抵）20130022号《最高额抵押合同》，佳乐公司以其位于乐清市柳市镇前街村的房产作为抵押物为其在2013年12月13日至2018年12月13日向华夏银行温州分行的贷款提供最高主债权本金余额为8003万元的抵押担保，该房产于2013年12月17日办理抵押登记手续。2014年7月至2015年1月，佳乐公司向华夏银行温州分行贷款三笔共计4794万元，后因贷款逾期未还，华夏银行温州分行于2016年2月15日向温州市鹿城区人民法院提起诉讼。温州市鹿城区人民法院于2016年7月7日作出（2016）浙0302民初1674号民事判决：佳乐公司于本判决生效之日起十日内偿付华夏银行温州分行借款本金共计4794万元及相应利息；如佳乐公司未按期履行上述债务，华夏银行温州分行有权拍卖、变卖佳乐公司提供抵押的坐落于乐清市柳市镇前街村的房产，所得价款在8003万元范围内优先受偿等。该判决书业已生效。因地名变更的缘故，乐清市柳市镇柳翁西路171号的房产与乐清市柳市镇前街村的房产系同一房产。后华夏银行温州分行将该债权转让给中国长城资产管理公司杭州办事处，中国长城资产管理公司杭州办事处又将其受让的上述债权转让给坤盛资产公司（以下简称坤盛资产公司），故坤盛资产公司在本案中作为有独立请求权的第三人参加诉讼并依据《中华人民共和国物权法》（以下简称《物权法》）第一百九十七条第一款的规定要求确认其对乐清市柳市镇柳翁西路171号1层、2层办公楼租金的优先受偿效力。

法院经审理另查明，2012年11月，佳乐公司与中国光大银行杭州分行签订合同编号为20121115－1－2ABC的《房屋租赁合同》约定，佳乐公司作为出租方将乐清市柳市镇柳翁西路×××号1层、2层办公楼出租给中国光大银行杭州分行，租期自2012年11月15日起至2022年11月14日止。根据光大银行柳市小微支行与佳乐公司就编号为2014063S1670《最高额质押合同》在中国人民银行征信中心进行应收账款质押登记中记载，出质人（出租方）佳乐公司于承租方（中国光大银行杭州分行）自2015年11月15日至2019年11月14日所产生的所有应收账款质押给光大银行柳市小微支行，包括但不限于合同编号20121115－1－2ABC项下的现有或未来应收账款，总质押金额不超过400万元整。因华夏银行温州分行的申请，温州市鹿城区人民法院于2016年3月3日作出查封裁定，乐清市柳市镇前街村房产（即乐清市柳市镇柳翁西路171号房产）于2016年3月8日被温州市鹿城区人民法院查封。坤盛资产公司在本案一审判决后向中国光大银行杭州分行送达了租金交付通知。

【案件焦点】

1. 房产抵押与租金质押并存时，房产抵押权人与租金质权人对租金的权利主张何时产生冲突；2. 产生冲突后房产抵押权与租金质权对于租金的效力顺位又该如何确定。

【法院裁判要旨】

浙江省乐清市人民法院经审理认为：佳乐公司未能足额偿还借款本息，已构成违约，故光大银行柳市小微支行有权要求佳乐公司偿还借款本息。振福公司、李某亦应按照其所签订的《最高额保证合同》履行连带清偿责任。佳乐公司与光大银行柳市小微支行签订《最高额质押合同》，以位于乐清市柳市镇柳翁西路171号1层、2层办公楼租金出质给光大银行柳市小微支行，并办理了质押登记，该租赁物即为位于乐清市柳市镇前街村的房产，该房产于2013年12月17日经登记已抵押给权利人华夏银行温州分行，现该抵押权人为坤盛资产公司。该案涉房产上同时存在抵押权、质权。根据《最高人民法院关于适用〈中华人民共和国担保法〉若干问题的解释》第七十九条第一款规定，同一财产法定登记的抵押权与质权并存时，抵押权人优先于质权人受偿。《物权法》第一百九十七条规定，债务人不履行到期债务或发生当事人约定的实现抵押权的情形，致使抵押财产被人民法院依法扣押的，自扣押之日起抵押权人有权收取该抵押财产的孳息。现案涉房产已于2016年3月3

日被温州市鹿城区人民法院予以查封，故坤盛资产公司依法对抵押房产所产生的孳息，即乐清市柳市镇柳翁西路 171 号 1 层、2 层办公楼租金享有优先受偿权，光大银行柳市小微支行作为质权人，有权在坤盛资产公司行使抵押权后的剩余部分享有优先受偿权。

浙江省乐清市人民法院判决：

一、佳乐公司偿还光大银行柳市小微支行借款本金 348.709379 万元及相应利息；

二、振福公司对上述第一项债务承担连带清偿责任，但其对包括上述债务在内的编号为 2014063S1670《最高额保证合同》项下所有主债务的连带清偿总额以最高保证金额 400 万元为限。其承担保证责任后，有权向佳乐公司追偿；

三、李某对上述第一项债务承担连带清偿责任，但其对包括上述债务在内的编号为 2014063S1670《最高额保证合同》项下所有主债务的连带清偿总额以最高保证金额 400 万元为限。其承担保证责任后，有权向佳乐公司追偿；

四、若佳乐公司未按期还款，则光大银行柳市小微支行有权在坤盛资产公司就佳乐公司名下的位于乐清市柳市镇柳翁西路 171 号 1 层、2 层办公楼的租金行使抵押权后的剩余部分，对上述第一项债权予以优先受偿。但其对包括上述债务在内的编号为 2014063S1670《最高额质押合同》项下所有主债务的连带清偿总额以最高担保金额 400 万元为限；

五、驳回光大银行柳市小微支行的其他诉讼请求。

光大银行柳市小微支行向温州市中级人民法院提起上诉。

浙江省温州市中级人民法院经审理认为：本案佳乐公司以其名下乐清市柳市镇柳翁西路×××号 1 层、2 层办公楼的租金收益向光大银行柳市小微支行设立应收账款质押，并办理了质押登记，该质押有效设立，通常情况下光大银行柳市小微支行对该租金享有优先受偿权，但由于佳乐公司已将乐清市柳市镇柳翁西路×××号房产（包括 1 层、2 层办公楼）抵押给了华夏银行温州分行，且华夏银行温州分行另案提起诉讼实现债权时申请法院对该房产进行了查封，华夏银行温州分行该债权经转让后，现抵押权人坤盛资产公司又作为有独立请求权的第三人参加诉讼并依据《物权法》第一百九十七条第一款的规定要求确认其对乐清市柳市镇柳翁西路×××号 1 层、2 层办公楼租金的优先效力。由此产生的主要法律问题是：坤盛资产公司对于乐清市柳市镇柳翁西路×××号房产的抵押效力是否因该房产被法院查封而及于涉案租金，若该房产被法院查封后抵押权效力及于涉案租金，则与光大银行柳市小微支行所设立的租金质押发生竞合时，二者优先受偿的顺位如何确定，对此具体分析如下：

《最高人民法院关于适用〈中华人民共和国担保法〉若干问题的解释》第七十九条第一款规定的“同一财产法定登记的抵押权与质权并存时，抵押权人优先于质权人受偿”针对的是动产抵押与动产质押并存时的情形，但本案系应收账款（租金债权）质押与《物权法》第一百九十七条规定的抵押权人自抵押财产扣押之日起有权收取抵押财产孳息两者之间效力的竞合，该条款在本案中并不适用，且在我国物权法对动产抵押权统一采取登记对抗主义后该条款即失去了意义。

《物权法》第一百九十七条第一款规定：“债务人不履行到期债务或者发生当事人约定的实现抵押权的情形，致使抵押财产被人民法院依法扣押的，自扣押之日起抵押权人有权收取该抵押财产的天然孳息或者法定孳息，但抵押权人未通知应当清偿法定孳息的义务人的除外。”根据该规定孳息原则上不属于抵押权标的物的范围，不为抵押权效力所及，而应归抵押人所有，只有在抵押权人以诉讼方式实现抵押权的场合，若人民法院依抵押权之财产保全申请或依职权对抵押财产予以扣押时，抵押权的效力及于抵押财产自扣押之日起所生产之孳息。租金属于法定孳息的范畴。本案中，房产抵押设定在2013年，租金质押设定在2015年，抵押房产于2016年3月8日被法院查封，在房产被查封之前就抵押物所产生的孳息并不为抵押权的效力所及，坤盛资产公司抵押权标的物的范围并不包含孳息，涉案租金上并不会产生权利的冲突，因此，光大银行柳市小微支行对佳乐公司名下的位于乐清市柳市镇柳翁西路×××号1层、2层办公楼自2015年11月15日至2016年3月7日所产生的租金享有优先受偿权。

在乐清市柳市镇柳翁西路×××号房产被法院查封后，抵押权的效力是否及于孳息，关键在于对《物权法》第一百九十七条第一款关于通知的法律后果如何判断。从法律规定的通知目的看，法定孳息系抵押关系当事人之外的第三人负责清偿。《物权法》第一百九十七条第一款规定的对法定孳息清偿义务人的通知与《中华人民共和国合同法》（以下简称《合同法》）第八十条规定的债权让与时对债务人的通知，均具有防止发生债务人为错误给付之目的。《合同法》第八十条第二款明确规定："未经通知，该转让对债务人不发生效力。"参照该规定，对法定孳息清偿义务人之通知亦当解释为，未经通知对该法定孳息清偿义务人不发生抵押权效力及于孳息之法律效果。进言之，抵押财产被法院扣押后，即使抵押权人怠于通知，抵押权效力已经及于孳息，但清偿义务人因不知抵押财产被扣押的情况而将法定孳息支付给抵押人的，仍产生清偿的效力，抵押权人不得主张清偿无效，即不得对抗清偿义务人。因此，《物权法》第一百九十七条规定的对法定孳息清偿义务人的通知，并非抵押权效力及于法定孳息的生效要件，而系对抗要件，是否通知法定孳息清偿义务人，不影响抵押权人行使抵押权致使抵押财产被法院扣押后抵押权效力及于法定孳息的认定。

在乐清市柳市镇柳翁西路×××号房产被法院查封后抵押权效力及于孳息与租金质押效力并存时，则应以抵押权及质权设立的时间来确定二者对租金效力的先后顺序，理由在于：一方面，在抵押权设立后，人民法院扣押抵押物之前，抵押人对抵押物的收益权是一种受限制的权利，对孳息的所有权是有抵押权负担的所有权，后在孳息上所设立的担保物权亦应受到限制，它不得对抗已经设立的抵押权。且抵押权依法设立时即具有法律效力，仅是抵押权对抵押标的物的范围因法律的规定在不同的条件下存在不一致的情况。另一方面，从抵押权效力及于孳息的立法目的看，抵押权系非占有型担保物权，抵押权设立后，抵押财产的占有权、使用权和收益权仍由抵押人行使，因抵押财产的使用而产生的孳息由抵押人所有，但债务人不履行到期债务或者发生约定的实现抵押权之情形，因抵押权人行使抵押权致使抵押财产被法院扣押，此时剥夺抵押人收取孳息的权利能有效避免抵押人在扣押后故意延滞或阻扰抵押权的实行程序，从而使抵押权不至于因此而遭受损害。本案中，房产设立抵押在前，房产所生租金收益后又设立了质押，若租金质押的效力优先于抵押物被扣押后抵押权及于孳息的效力，不符合《物权法》第一百九十七条的立法目的，不利于设立在前的抵押权的实现。因此，坤盛资产公司相对于光大银行柳市小微支行就乐清市柳市镇柳翁西路×××号1层、2层办公楼自2016年3月8日起所产生的租金享有优先受偿权。

浙江省温州市中级人民法院判决如下：

一、维持浙江省乐清市人民法院（2017）浙0382民初3063号民事判决第一项、第二项、第三项；

二、撤销浙江省乐清市人民法院（2017）浙0382民初3063号民事判决第四项、第五项；

三、坤盛资产公司对乐清市柳市镇柳翁西路×××号［即乐清市柳市镇前街村房产］1层、2层办公楼自2016年3月8日起所产生的租金享有优先受偿权，但对包括（2016）浙0302民初1674号民事判决书项下债务在内的编号为WZ26（高抵）20130022号《最高额抵押合同》项下所有主债务的优先受偿总额以最高抵押担保金额8003万元为限；

四、光大银行柳市小微支行对乐清市柳市镇柳翁西路×××号［即乐清市柳市镇前街村房产］1层、2层办公楼自2015年11月15日至2019年11月14日所产生的租金享有优先受偿权（但对2016年3月8日至2019年11月14日所产生租金的优先受偿顺位在坤盛资产公司之后），但对包括上述第一项债务在内的编号为2014063S1670《最高额质押合同》项下所有主债务的优先受偿总额以最高质押担保金额400万元为限；

五、驳回光大银行柳市小微支行的其他诉讼请求；

六、驳回坤盛资产公司的其他诉讼请求。

【法官后语】

抵押权系非占有型担保物权，故因抵押财产的使用而产生的孳息原则上应由抵押人收取，抵押权的效力并不及于抵押财产的孳息，只有发生《物权法》第一百九十七条第一款规定的情形时，抵押权人才有权收取孳息优先受偿其债权，以避免抵押人在抵押财产被扣押后故意延滞或阻扰抵押权的实行程序，同时亦可强化抵押权的担保力。《物权法》第一百九十七条第一款在承认抵押物被扣押后抵押权人孳息收取权的同时，又但书规定“抵押权人未通知应当清偿法定孳息的义务人的除外”。从该通知系为保护清偿法定孳息义务人的利益，使其免受可能两次清偿所致损失的立法目的来看，是否通知法定孳息清偿义务人，不应影响抵押权人行使抵押权致使抵押财产被人民法院扣押之日起抵押权效力及于法定孳息的认定，但清偿义务人因不知抵押财产被扣押的情况而将法定孳息支付给抵押人的，仍产生清偿的效力，抵押权人不得主张清偿无效，即不得对抗清偿义务人，故该通知义务应作通知对抗主义解释。

因房产租赁后所生租金属于法定孳息，租金债权又可作为应收账款出质，当房产抵押权与租金质权并存，且出现《物权法》第一百九十七条第一款规定的情形时，则会发生房产抵押权人与租金质权人对租金的权利主张产生冲突，在此情况下，应根据房产抵押权与租金质权设立的时间先后来认定二者对于租金的效力顺位。本案中，房产抵押权设立在先，租金质权设立在后，故当租金之上产生权利冲突时应优先保护抵押权对租金的效力。除裁判理由中已提及的内容外，还有以下两点理由：一是房产抵押权及租金质权均以登记达到了物权公示的效果，于此情况下，先设立的抵押权取得对抗效力，自然包括对抗质权。虽然抵押权设立时抵押权效力所及的标的物范围并不包含孳息，抵押权的效力系在抵押物被人民法院扣押后才及于孳息，但抵押权依法设立即具有法律效力，仅是抵押权的设定至抵押权的实现过程中抵押权对抵押标的物的范围不一定保持衡常，存在效力扩张的问题。二是从抵押权实行对租赁关系的影响来看，《物权法》第一百九十条规定："订立抵押合同前抵押财产已出租的，原租赁关系不受该抵押权的影响。抵押权设立后抵押财产出租的，该租赁关系不得对抗已登记的抵押权。"《最高人民法院关于人民法院民事执行中拍卖、变卖财产的规定》第三十一条第二款规定："拍卖财产上原有的租赁权及其他用益物权，不因拍卖而消灭，但该权利继续存在于拍卖财产上，对在先的担保物权或者其他优先受偿权的实现有影响的，人民法院应当依法将其除去后进行拍卖。"从该两款规定可知，对于先抵后租的情况，抵押权经登记可对抗租赁权，且租赁权不得对抵押权的实现造成不利影响，否则抵押权人可以申请法院涤除租赁权，若此，租金质权存在的根基则不复存在。本案虽非先抵后租的情况，但举重以明轻，抵押权对于房产被扣押后所生租金的效力优先于租金质权，亦不发生过分之损害。房产抵押与租金质押并存时的租金权利冲突还包括另一种情况，即租金质权先于房产抵押权设立，此时，租金质权设立时租金债权并没有潜在的抵押权负担，根据物权公示的优先权原理，租金质权对于租金的效力应优先于房产抵押权。

编写人：浙江省温州市中级人民法院　李劼

图书在版编目（CIP）数据

中国法院2020年度案例．借款担保纠纷/国家法官学院，最高人民法院司法案例研究院编．—北京：中国法制出版社，2020.3
ISBN 978-7-5216-0920-2

Ⅰ.①中… Ⅱ.①国…②最… Ⅲ.①借贷-经济纠纷-案例-汇编-中国②担保-经济纠纷-案例-汇编-中国 Ⅳ.①D920.5

中国版本图书馆CIP数据核字（2020）第034112号

策划编辑：李小草（lixiaocao2008@sina.cn）
责任编辑：韩璐玮　白天园　　封面设计：温培英　李宁

中国法院2020年度案例·借款担保纠纷
ZHONGGUO FAYUAN 2020 NIANDU ANLI · JIEKUAN DANBAO JIUFEN

编者/国家法官学院，最高人民法院司法案例研究院
经销/新华书店
印刷/三河市紫恒印装有限公司
开本/730毫米×1030毫米　16开　　印张/11.75　字数/156千
版次/2020年3月第1版　　2020年3月第1次印刷

中国法制出版社出版
书号 ISBN 978-7-5216-0920-2　　定价：45.00元

北京西单横二条2号
邮政编码 100031　　传真：010-66031119
网址：http：//www.zgfzs.com　　编辑部电话：010-66071862
市场营销部电话：010-66033393　　邮购部电话：010-66033288

（如有印装质量问题，请与本社印务部联系调换。电话：010-66032926）